모든 것이 변하고, 불확실하며, 복잡하고, 모호한세상

VUCA
Volatility　Uncertainty　Complexity　Ambiguity

뷰카 시대
일 잘하는
리더

배선희 지음

서울 엠

이 도서의 국립중앙도서관 출판예정도서목록(CIP)은 서지정보유통지원시스템 홈페이지(http://seoji.nl.go.kr)와
국가자료종합목록 구축시스템(http://kolis-net.nl.go.kr)에서 이용하실 수 있습니다.
(CIP제어번호: CIP2020011129(양장), CIP2020011132(무선)

| CONTENS |

제1장 리더십 *Leadership*

제2장 탁월함 *Excellence*

요즘 아침에 일어나 새벽에 배달된 종이로 된 신문을 읽으며 정보를 얻는 경우는 거의 없다. 정보를 얻을 수 있는 수단들이 많아졌기도 하지만 세상이 시시각각 변화하고 있어 신문을 기다릴 수가 없다. 그만큼 세상은 급속도로 변하고, 이를 반영하여 기술이 발전하고 있으며, 이와 더불어 사회, 경제, 문화 모든 분야에서 변화를 거듭하고 있다. 우리가 살고 있는 이 시대는 정형화할 수 없을 정도의 변화와 혼돈, 복잡성을 가진 세계에 와 있다고 할 수 있다. 이번에 저자는 이 변화와 불확실성의 시대를 "뷰카VUCA"로 분석하면서, 뷰카VUCA 시대에도 가장 중요하다고 볼 수 있는 리더의 역할에 대해 각종 자료와 자신의 경험을 토대로 엮은 결과물을 오랜 준비 끝에 내놓았다.

기본적으로 조직에서의 창조와 혁신은 리더의 몫이며, 밑에 있는 하급자가 창조적 혁신을 하라고 한다고 해서 해낼 수 있는 것은 아니다. 조직의 하층부나 작업자 수준에서 할 수 있는 것은 개선에 관한 아이디어 제안 수준에 그칠 가능성이 높다. 또한 조직 문화는 지식과 관리로 변화될 수는 없다. 도전적이고 창의적인 리더가 미래 방향을 잡아주어야 하고, 구성원들과 목표를 공유하며 구성원들이 제대로 업무를 수행할 수 있도록 임파워먼트해야 한다. 그러므로 리더가 혁신을 위해 해야 할 일은 기존의 틀, 기득권, 고정관념을 버리는 것이며, 조직 문화를 바꾸기 위해서 해야 할 가장 중요한 일도 생각을 바꾸는 것이다. 따라서 리더는 지혜를 갖추어야 하고, 통찰력과 직관으로 기회를 창조해 나가야 한다.

한국 기업들이 글로벌 기업으로 성장하는 과정에서 리더들과 조직 구성원들은 매우 바쁘게 일해왔으며, 이제 우리의 성공한 기업들은 지식, 기술, 돈, 사람을 모두 다 갖고 있다. 문제는 성공의 자만에 빠져 미래 환경 변화를 선제적으로 대응해 나가는 능력이 부족해지고 있다는 데 있다. 리더들의 위기의식과 도전의식, 즉 기업가 정신이 약화되고 있다는 것이다.

기업가 정신은 역경을 뚫고 나가는 도전의식이다. 창조적 혁신을 위해서 리더는 아무도 가보지 않은 길을 먼저 가야 한다. 이는 창업 초기에 무에서 유를 창조했던 앞선 세대의 기업가 정신을 오늘에 다시 되살려야 함을 의미한다. 기업가 정신의 적은 밖에 있지 않고 리더 자신의 안에 있으며, 리더는 현상 유지의 안일함을 버리고 목표를 향해 고통스러운 길을 과감하게 선택해 나가야 한다.

우리는 학교에서 리더를 연구한 리더십 이론으로 특성이론, 행위이론, 상황이론 등을 배웠다. 훌륭한 리더들은 타고난 사람인가, 리더의 행동은 어떠해야 하는가, 어떤 상황에서 어떤 행동을 하여야 좋은 리더가 되는가, 또한 카리스마 리더십, 변혁적 리더십, 서번트 리더십, 카멜레온 리더십, 슈퍼 리더십 등 많은 리더십에 대해 관심을 가져왔다.

그렇지만 이것들이 요즘처럼 급변하는 시대에 우리에게 딱 떨어지게 맞는 리더십들인지에 대해서는 어딘지 모르게 피부에 와닿지 않는다.

그만큼 우리가 생활하고 있는 시대적 상황이 다양하고 복잡하기 때문일 것이다. 물론 과거의 리더들도 경영 환경의 변화에 따라 적응해야 했고 이러한 내용은 기존의 리더십 관련 도서에서도 다루어 왔다. 문제는 이 시대와 미래는 과거보다 더욱더 다양해지고 복잡해지고 있다는 것이다. 이렇게 변화하는 시대와 리더십에 대한 시의적절한 통찰이 절실한 시점에, 이러한 요구에 정확히 부응하고 있는 이 책의 발간은 실로 반가운 일이 아닐 수 없다.

저자는 세계 유수의 다국적 기업에 재직하면서 앞서가는 기업들의 인사 관리 경험을 살려 일 잘하는 리더에 대한 내용을 이 책에 녹였다. 이 책은 리더십, 탁월함, 민첩성, 협력과 파트너십 등 뷰카VUCA 시대에 리더가 갖추어야 할 것들을 저자의 실무 경험을 담은 사례를 통해 생생하게 소개하고 있다.

이 혼돈의 시대, 뷰카VUCA 시대에 기분 좋게 일하며 함께하는 리더가 나오기를 기대하며 이 책을 일독하기를 바란다.

곽수근 _ 서울대학교 경영대학 명예교수, IFRS 재단 이사, (전)한국경영학회장 우리는 말 그대로 격변의 시대에 살고 있다. 우리나라를 대표하는 기업의 최고경영자가 된 이후 이 혼돈의 시대에 조직 구성원들을 어떻게 리드하여 우리 기업의 목표를 달성할 것인가에 대해 매일, 매시간 고민을 계속하고 있다. 어떻게 하면 우리 회사 직원들의 개별적인 목표도 달성하면서 우리 기업의 지속적인 발전을 도모할 수 있는 '그레이트 컴퍼니Great Company'를 만들 것인가.

90년대생이 온다고 한 것이 엊그제 같은데 이제는 2000년대생이 오고, 4차 산업혁명의 시대와 디지털 대전환이라는 큰 물결이 우리에게 다가오고 있다. 이러한 변화와 더불어 주어진 임무를 잘해나가기 위한 많은 고민이 있는 상황에서 저자는 이 시대를 뷰카VUCA로 파악하여 뷰카VUCA 시대에 조직원들과 리더들이 일도 잘하면서 자기 자신의 발전도 도모하는 혜안을 우리에게 주고 있다. 또한 뷰카VUCA 시대에도 기업이 성공하기 위해 우리가 어떠한 변화를 만들어가야 하는지에 대한 새롭고 다양한 핵심적인 내용이 소개되어 있다.

도전이 많은 비즈니스 환경에서 조직을 잘 이끌어가고 성공하기 위해 저자의 역작을 일독하기를 권한다.

박동욱 _ 현대건설 사장

4차 산업혁명, 디지털 트랜스포메이션, 뷰카^VUCA 등등 시대의 변화를 설명하는 단어들은 넘쳐나고, 이를 이해하고 수용해야 하는 기업의 입장에서는 여러 종류의 불안감에 휩싸이게 된다. 모토롤라나 소니처럼 한때 세계 최고의 기업들이 끝없는 나락에 빠지는 것을 보면서, 환경 변화에 적응하지 못하는 기업이 발생하는 것은 어쩔 수 없지 않느냐는 체념적 입장에서 ≪포천^Fortune≫ 선정 미국 500대 기업의 평균 수명은 40년, 메이지 유신 이후 등장한 일본 기업의 평균 수명은 30년이라는 수치로 위안을 삼기도 한다. 또는 궁즉변窮則變이며 변즉통變則通이라는 『중용中庸』의 글귀를 인용하면서 변화로 인해 어려움에 처하게 되면 기업이라는 유기체는 이를 극복하기 위해 변화를 추구하고, 변화를 추구하다 보면 자연스럽게 최적의 해결책을 찾게 될 것이라는 긍정의 낙관론으로 대응하기도 한다.

저자는 IT업, 제약업 등 변동성이 강하고, 불확실하며, 복잡하고, 모호성이 높은 변화를 실감하는 기업 현장에서 30년 동안 근무하면서 이를 극복하기 위한 방안을 고민한 사람으로서 변화에 대한 매우 실용적이고 실천 가능한 방안들을 제시한다. 물리학에서 말하는 힘이 질량과 속도 그리고 방향에 의해 결정되는 것처럼, 조직이 변화에 대응할 수 있는 힘을 개인의 리더십과 조직의 탁월함(질량), 민첩성(속도), 협력과 파트너십(방향)에서 설명하고 있다. 저자는 학자들의 현학적인 개념 모형이나 컨설팅 보고서의 화려한 그림을 제시하고 있지는 않지만, 본인의 경험을 통해 체득한 실천적 노하우들을 경험담을 통해 풀어가면서 자연스럽게 독자를 설득한다.

실무계에서 오래 일한 저자는 글을 쓰는 데 있어서도 매우 실용적이다. 뷰카VUCA가 무엇인지를 정의하는 데 노력을 쏟기보다는, 이에 대응하기 위해서는 무엇을 해야 하는지에 대해 주로 설명하고 있다. 본인의 경험에 근거한 귀납적 해결책이 필요한 경우에는 본인의 사례를, 논리적이고 연역적 추론이 필요한 경우에는 최근의 학술적인 연구 결과나 실무자들을 위한 자료들이 제시한 방안들을 인용하면서 서술하고 있다. 그러다 보니 책에서 제시한 내용을 현실에 얼마나 용이하게 적용할 수 있을 것인지가 때로는 매우 구체적이고 때로는 개념적이라는 생각이 들기도 하지만 이러한 특징이 바로 이 책의 장점이라고 할 수 있다. 최고경영진이나 임원급뿐만 아니라 팀장이나 실무자 차원에서도 깨달음을 얻을 수 있는 다양한 개념과 방법론이 제시되어 많은 독자들에게 다가갈 수 있는 내용을 담고 있다.

저자의 다양한 경험과 축적된 노하우는 책의 곳곳에서 나타난다. 어떤 사례에서는 관리자로서의 단호함과 결단력이, 어떤 문장에서는 코치로서의 포용력과 상대방에 대한 배려와 이해심이, 또 어떤 파트에는 컨설턴트로서의 명료함과 판단력이 드러난다. 저자의 번뜩이는 통찰력이 드러나는 문장을 읽으면서 독자들은 책의 곳곳에서 '아하' 하는 감탄사를 발하게 될 것이다. 특히 저자의 경험을 서술한 내용을 통해 조직 관리 실무에서 경험하게 되는 의사 결정의 어려움을 공감할 수 있고, 나아가 구체적으로 무엇을 하는 것이 현실적으로 효과적인지를 배울 수 있다. 저자의 마음으로 책을 읽으면 문장 하나하나 버릴 것이 없는, 뷰카VUCA 시대의 관리자에게 도움이 되는 좋은 책이기에 대충 읽고 던지지 말고 곱씹으면서 천천히 숙독하기를 권한다.

조봉순 _ 서강대학교 경영대학 교수, (전)대한리더십학회 회장

영국의 메트라이프MetLife 보험회사는 2014년과 2018년에 각각 1000명 이상의 영국 성인을 대상으로 '직장에서의 스트레스'에 대한 조사를 실시했다. 결과를 보면 '내 직업은 스트레스가 많지 않다'고 답한 응답률이 2014년에는 31%이고 2018년에는 22%로 줄었다. 또한 '내 직업은 지난 1년 동안 더욱 스트레스가 많았다'는 응답률은 2014년과 2018년에 각각 48%와 57%로 19% 늘어났다.[1] 근래 주변의 직장인들을 보면 많은 사람들이 점점 더 일하기가 힘들다고 한다. 왜 이런 현상이 나타나고 있을까? 여러 이유 중 하나는 우리가 과거와는 확연히 다른 환경에서 일을 하고 살고 있기 때문일 것이다. 즉 점점 더 복잡하고, 변화가 많고, 예측이 어려운 상황이다.

바로 이러한 상황을 뷰카VUCA라는 말로 표현하고 있다. 뷰카VUCA라는 용어는 어떤 사람들에게는 익숙하지만 꽤 많은 사람들에게 생소할 것이다. 영어의 뷰카VUCA란, 변동성Volatility, 불확실성Uncertainty, 복잡성Complexity, 모호성Ambiguity의 첫 글자들을 조합한 신조어이다.

군사 용어로 처음 사용된 뷰카VUCA는 현재 처한 상황이 제대로 파악되지 않아 즉각적이고 유동적인 대응 태세와 경각심이 요구되는 상태를 말한다. 이렇게 전쟁터의 변화무쌍한 상황을 표현했던 뷰카VUCA는 상황이 빠르게 전개되는 현대 비즈니스 환경을 표현하는 일상적인 용어가 되었다. 점점 복잡하고 불확실한 상황과 위험이 더해가는 세상은 우리가 잘 관리해야 할 하나의 작전 지대이다.

뷰카VUCA는 1990년대에 들어오면서 사용되기 시작했지만, 근래에 점점 더 많이 사용되고 있다. 변화는 더 빠르고 다양하게 전개되며, 미래 상황은 변수가 많아 예측하기가 어렵다. 인과 관계가 단순하지 않고 다양한 요인이 작용되어 복잡해지며, 뚜렷한 현상이 없어 판단하기도 어렵다. 한마디로 점점 더 불확실하고 복잡하고 모호하며 변화가 많은 세상이 될 것이다.[2]

그래서 우리가 살고 있는 시대는 뷰카VUCA를 넘어서 그야말로 슈퍼 뷰카Super VUCA, 울트라 뷰카Ultra VUCA란 말이 나올 정도이다. 더군다나 4차 산업혁명 시대로 이동하면서 이러한 뷰카VUCA 현상은 더더욱 심화될 수밖에 없다. 끊임없는 기술의 진보가 새로움과 편의성에 대한 우리의 선호와 합해져서 우리 일상의 모든 면을 가속화시키고 있다.

이러한 외부의 비즈니스의 변화는 조직 내부에도 영향을 미칠 것이다. 변동성은 조직에 불안정, 위험, 끊임없는 변화를 일으킬 것이며, 불확실성으로 인해 방향이 불분명해질 것이다. 조직 구성원들은 이러한 상황과 맞서 싸우거나 도망가거나 움츠러들 것이다. 또한 복잡성은 생산성에 영향을 미치고 사람들은 다중성 사이에서 혼란스러울 수 있다. 모호성은 의심과 불신을 조장하며 의사 결정을 어렵게 하고 혁신이 방해받을 수 있다.[3]

유발 하라리Yuval Harari는 『사피엔스Sapiens』에서 "우리는 나룻배에서 갤리선, 그리고 증기선과 우주선으로 발전했지만, 우리가 어디로 가고 있는지는 아무도 모른다"라고 했다. 뷰카VUCA는 이러한 현재 상황을 잘 표현하고 있다. 우리는 기술과 생활의 진보를 이루어왔지만, 현재 상황은 명확하지 않고 막상 우리는 어디를 향해 가고 있는지가 불확실하다.

우리가 할 수 있는 것, 해야 하는 것은 이러한 변화와 방향을 잘 예측하도록 노력하고, 준비하고, 대응하는 것일 것이다. 그러면 우리는 이러한 변화들을 어떻게 받아들이고 대응해야 할까? 이러한 환경에서 지속적으로 살아남고, 성과를 만들며, 성공해 나가기 위해서는 어떻게 해야 할까?

뷰카VUCA 이전에도 시장의 변화는 있었지만, 지금은 뷰카VUCA의 움직임이 가속화되고 있기 때문에 기업들은 이러한 변화하는 환경에 신속하게 적응해야 한다. 그렇지 않은 기업은 하루아침에 경쟁력을 상실할 수밖에 없다. 지속적으로 대응을 하고 혁신을 하여 경쟁력을 만들어가는 것이 살아남고 성장하는 길이다.

조직과 개인 차원에서도 오랫동안 유지했던 조직의 기반과 관행들, 과거 몇십 년 전부터 사용했던 스킬과 방법들은 이제 더 이상 뷰카VUCA 시대의 대안이 될 수 없을 것이다. 조직은 변화에 빠르게 대응할 수 있도록 조직의 구조, 제도, 문화, 역량, 업무 프로세스 등을 새롭게 구축해야 한다. 개인도 변화의 흐름을 빠르게 읽고 대처하며, 성과를 만들기 위해 다른 방식으로 계획하고 실행하는 것이 필요하다. 조직의 리더들도 과거의 리더십을 고수하지 않고 새로운 시대에 부응하는 리더십을 갖추고 실천하는 것이 요구된다.

이 책에서는 뷰카VUCA 시대에 살아남고 성공하기 위해 조직과 개인에게 요구되는 핵심 내용을 총 4장에 걸쳐 담으려고 한다. 제1장은 뷰카VUCA 시대에 필요한 리더십에 대한 내용이다. 오랜 조직생활을 통해 조직에서 무엇보다 중요한 요소가 리더십이라는 것을 잘 알기에 리더십을 첫 번째 장에 넣었다. 비즈니스 환경이 많이 바뀌었기 때문에 리더로서 할 일도 달라져야 하며, 발휘해야 할 리더십도 달라야 한다. 제1장에서는 전체적인 리더십의 변화와 더불어 뷰카VUCA 시대에 부응하는 리더십에 대한 내용을 다룰 것이다.

제2장에서는 엄청나게 변화하는 비즈니스 환경에서도 탁월함을 유지하고 성과를 만들어가기 위해 필요한 것들을 얘기할 것이다. 뷰카VUCA는 전면적인 개혁을 우리에게 요구하고 있기 때문에 조직 구조, 역량, 문화와 같은 조직 기반에서 필요한 변화를 다루고, 뷰카VUCA 시대에 중요하게 요구되는 역량은 무엇인지를 담았다. 또한 모든 것은 사람에 의해 이루어지므로, 뷰카VUCA 시대에 기대되는 인재 관리를 다루고 마지막으로 성과에 대한 평가와 보상은 어떻게 달라져야 하는지가 포함된다.

제3장은 민첩성에 관한 장이다. 뷰카VUCA 시대에 가장 필요한 역량

중 하나인 민첩성에 대해, 왜 뷰카^{VUCA} 시대에 민첩성이 중요한지와 학습 민첩성은 무엇인지를 언급할 것이다. 또한 학습 민첩성의 측정은 어떻게 할 것인지와 어떻게 개발될 수 있는지에 대해 다룰 것이다. 마지막으로 조직에서의 학습 민첩성 활용에 대한 내용이 포함되어 있다.

제4장은 협력 및 파트너십에 관한 장이다. 뷰카^{VUCA} 시대에는 왜 협력 및 파트너십에 대한 요구가 커지는지를 다룰 것이다. 그리고 협력을 위해서도 리더십이 필요한데, 협력적 리더십을 어떻게 발휘할 것인지에 대해 언급을 할 것이다. 그다음에는 중요한 이해관계자들과의 파트너십에 대해 언급할 것이며, 상사와의 파트너십과 타 부서 및 동료와의 파트너십을 다루고 끝으로 뷰카^{VUCA} 시대의 갈등 관리에 대해 얘기할 것이다. 뷰카^{VUCA} 시대에 나타나는 갈등의 형태와 그 갈등을 어떻게 효과적으로 다룰 것인지가 포함된다.

이 책에는 개념에 대한 일반적인 이론들과 그것을 뒷받침하는 연구 자료와 실제 직장에서의 사례들이 들어 있다. 선도하는 글로벌 다국적 기업들에서 30년 동안 일하면서 습득한 실제 경험과 다양한 채널을 통해 얻은 지식, 그리고 많은 고민을 바탕으로 독자들이 실질적으로 활용할 수 있는 제안들을 포함했다.

뷰카^{VUCA}라는 용어에 익숙하든지 그렇지 않든지 상관없이 우리 모두는 업무적으로나 개인적으로 뷰카^{VUCA}의 영향을 받고 있다. 뷰카^{VUCA}는 우리에게 지금까지 경험하지 않았던 것들을 하게 하고, 가지 않았던 길을 가게 한다. 이것은 어떤 사람들에게는 인식하기도 전에 스쳐지나가고 이미 어떤 결론이 만들어질 수도 있다. 모쪼록 점점 더 심화되는 뷰카VUCA 상황을 잘 이해하고 대응하며, 덜 스트레스를 받으면서도 더 효과적으로 일을 하는 데 이 책이 도움이 되기를 바라는 마음이다.

제1장 리더십
Leadership

"모든 성공적인 노력의 99%의 핵심은 리더십이다." 미국의 정치가이자 노스캐롤라이나 대학교 총장이었던 어스킨 볼스Erskine Bowles의 말이다.

우리가 혼자 살아가지 않는 한 리더십은 우리의 영원한 의제가 될 것이다. 과거에도 리더십에 대한 얘기를 했고 현재에도 하고 있고 미래에도 할 것이다. 첨예한 뷰카VUCA 시대에도 리더십은 중요하다. 뷰카VUCA 시대를 살아가고 있는 우리에게 기대되는 리더십은 어떤 것일까? 그리고 우리는 그러한 리더십을 발휘할 준비가 되어 있는가?

리더십의 중요성에 대한 인식과 관련하여, 2019년 글로벌 인적자본 동향 조사Global Human Capital Trends survey에서 응답자의 80%가 리더십을 조직에서 필요로 하는 것 중 높은 우선순위로 꼽았다. 하지만 준비성에 대해서는 41%만이 조직이 리더십 요건을 충족시킬 준비가 되어 있거나 매우 준비가 되어 있다고 생각한다고 답했다.[4] 리더십의 중요성에 대해서는 인식을 하고 있으니, 뷰카VUCA 시대에 요구되는 리더십을 확립하고 준비하여 실천해야 하는 과제가 우리에게 놓여 있다.

우리의 환경이 크게 변화하고 있으니 리더십에 대해서도 재정립이 필요하다. 리더십의 이론적 변천 과정을 보면, 1950년대에는 특성이론이 대두되어 리더는 타고나는 것으로 보았다. 즉 여러 방면에서 탁월한 리더십을 보이는 인물은 처음부터 리더십의 자질을 가지고 태어난다고 생각했다. 1960년대에는 리더 행동의 차별성에 대한 연구가 활발하게 진행되어, 성공하는 리더는 그렇지 않은 리더들과 비교할 때 차이점이 무엇이며 어떤 행동을 보이는지에 대한 연구들이 활발하게 이루어졌다. 1970~1980년대에는 리더는 주어진 상황에 효과적으로 대응하는 사람으로 보았고, 변화하는 상황 속에서 리더가 어떻게 구성원을 대하는지에 대한 탐구들이 있었다. 1990~2000년대에는 변화된 사회적 또는 비즈니스적 상황과 요구에 따라 변혁적 리더십, 셀프 리더십, 서번트 리더십, 윤리적 리더십 등 리더십에 대한 다양한 관점이 발전되었다.

그렇다면 뷰카VUCA의 특성이 많이 나타나는 4차 산업혁명 시대에 효과적으로 발휘될 수 있는 리더십은 무엇이며 어떤 리더가 성공할까? 모든 환경을 새로 구축하게 요구하는 뷰카VUCA 시대에는 리더십도 새롭게 정립되어야 할 것이다. 엄청난 변화의 동력이 있는 시대에 요구되는 리더십은 아마도 한 단계 높은 수준이 되어야 할 것이다. 그래야 비즈니스와 조직을 성공적으로 이끌어갈 수 있을 것이다.

직원들의 육성과 학습을 촉진하는 코칭 리더십

:: 직장 내 코칭 문화

GE의 전 CEO인 잭 웰치Jack Welch는 "미래에 코치가 아닌 사람들은 승진을 할 수 없을 것이다. 코치인 매니저들이 표준이 될 것이다"라고 말했다. 코칭은 이제 특정한 사람만이 하는 것이 아니라 다른 사람들과 일을 같이하거나 다른 사람들을 관리하는 모든 매니저들에게 필수가 되었다.

근래에 대기업 임원과 부장급 코칭을 하면서 발견한 사실은 많은 관리자들이 아직까지 코칭 대화를 하고 있지 않다는 것이었다. 시간적으로 관리자들은 부하 직원들과 일을 오랫동안 해왔고, 앞으로도 직원 관리 역할을 할 사람들인데 말이다.

과거의 코칭은 저성과자들을 바로잡아 주고 개인의 효과성을 조직성과와 연결해 주는 방법이었다. 오늘날 새로운 경영 환경에서는 전통적 관리자의 역할에 변화가 요구되고 있다. 조직에서 관리자의 코칭은 성과 향상을 위한 직원들의 개발과 성장에 중점을 두고 있다. 코칭은 관리와 리더십에 있어 상당한 비중을 차지하며 고성과 조직의 개발을 위해 영향력을 가진다.

직원들 입장에서 보면 리더는 코칭을 통해 격려와 영감을 주면서 동기 부여를 하도록 이끌어 준다. 또한 코칭은 직원의 자질과 능력을 개발하여 직원들이 주도적이며, 자율적이고, 독립적으로 일을 하도록 지지해 준다. 이것은 긍정적인 직장 환경을 만들 뿐만 아니라 직원들이 그들에게 무엇이 기대되는지 정확히 알고 회사의 전반적인 방향이나 전략을 이해할 수 있게 한다. 그래서 코칭 리더십은 직원들이 책임감이 있고, 경험이 있고, 적극적일 때 더 효과가 있다.

뷰카VUCA 시대에 코칭은 더 큰 힘을 발휘한다. 관리자는 코칭을 통해 직원들이 현재의 도전적인 상황을 제대로 이해하도록 한다. 단지 그동안 보아왔던 것뿐만 아니라 새롭게 보아야 할 것들을 보게 하고 받아들일 수 있게 한다. 그리고 상황에 대한 해결이나 진전을 위한 선택과 기회들을 탐구할 수 있도록 도와준다. 지금까지의 관점에서 벗어나 다양한 가능성을 보고 옵션을 가짐으로써 혁신적인 해결책으로 접근할 수 있도록 이끌어준다. 이러한 학습의 과정은 뷰카VUCA 상황에서 많은 이점을 가져다주기 때문에 코칭은 더욱 권장된다.

:: 일반 대화와는 다른 코칭 대화

대화 시에 코칭 대화와 일반 대화는 확연히 구분이 된다. 일반 대화는 자연스럽게 흘러가는 대화이지만, 코칭은 구조화된 대화이다. 즉 코칭은 구조와 방향성을 가지고 대화를 하면서 직원이 현재 상황에 대한 이해와 필요한 변화에 대해 스스로 탐구하도록 도움을 주는 것이다. 관리자는 직원에게 진정한 관심을 가지고 직원 입장에서 대화를 진행하며 새로운 태도와 행동을 지속적으로 지원하는 역할을 한다.

구조화된 대화를 하기 위해서는 코칭 철학, 코칭 스킬, 코칭 프로세스에 대한 이해와 습득이 필요하다. 코칭 철학은 코치가 어떤 마인드로 코칭을 해야 하는지에 대한 것이다. 인간은 온전한 존재로서 무한한 잠재력과 고유성을 가지고 있기 때문에 수평적 코칭 대화를 통해 현재 상황을 통찰하고 스스로 해결책을 찾아가도록 도와준다는 마음가짐이 필요하다.

코칭 스킬 중 가장 기본적이면서 중요한 것이 경청, 질문, 피드백이다. 즉 구성원들을 코칭하기 위해서는 여러 가지 지식과 스킬이 필요하지만, 적극적 경청, 발견적인 질문, 긍정적/발전적 피드백 스킬을 연마하여 효과적인 대화를 이끌어갈 수 있다. 경청을 통해 직원이 말하는 것뿐만 아니라 말하지 않는 것에도 집중하고, 직원의 욕구나 의도를 감안하여 말의 의미를 이해하고, 직원이 자기표현을 할 수 있도록 지원한다. 코칭을 위해 필요한 정보를 이끌어내는 질문을 통해, 직원이 발견, 통찰, 약속, 행동을 할 수 있도록 한다. 또한 직접적인 커뮤니케이션을 통해 분명하게 말하고 솔직한 피드백을 제공하는 것이 필요하다.[5]

이에 더하여 구조화된 대화를 위해서 코칭 프로세스를 익히는 것이 필요하다. 코칭 프로세스는 4단계, 5단계, 7단계, 8단계 등 여러 가지 모델이 있지만 전체 대화의 흐름은 대동소이하다. 가장 기본적으로 우선해야 할 단계가 직원에게 지원을 하면서 코칭 분위기를 조성하는 것이다. 대화를 하기 위한 편안한 환경을 조성하면서 관리자와 직원 사이에 라포(관계)를 형성하는 것이다.

두 번째 단계는 코칭의 주제와 목표를 정하는 것이다. 코칭을 할 때는 한 가지 주제에 집중을 하는 것이 권장되며, 그 주제에 대해 어떤 구체적인 목표를 원하는지 직원의 의견을 듣는다.

세 번째 단계는 현재 상태에 대한 고찰이다. 현재 어떤 일이 발생하고 있는지, 그것이 주는 영향은 어떤 것인지, 어떤 변화의 필요성이 있는지에 대해 직원이 충분히 인지할 수 있도록 한다.

네 번째 단계는 주어진 주제나 이슈의 해결이나 변화를 위해 할 수 있는 방법은 어떤 것들이 있는지, 그러한 각 대안들의 이익이나 위험은 어떤 것이 있는지를 파악하도록 도와주는 것이다.

다섯 번째는 위의 사항들을 모두 감안하여 실행 계획을 세우는 것이다. 보통 SMART(구체적이고Specific, 측정이 가능하고Measurable, 달성이 가능하며Achievable, 관련성이 있고Relevant, 시간을 정해서Time-based)한 방법으로 세우고 실행 의지를 다지는 단계이다.

마지막으로는 격려를 하면서 코칭 대화를 끝마친다. 실행 계획을 실천했을 때의 결과에 대해 얘기하고, 실천을 격려하고 다음 코칭 대화를 계획한다.

:: 직장 내 사례 – 대화에서 여러 마리의 토끼를 모두 잡게 하는 코칭 대화

T그룹 해외법인장으로 일을 하는 K 이사는 한국의 본사와 현지 법인

사이에서 조율을 해야 하는 일들이 항상 있었다. 그중에서도 현지에서 부하 직원들이나 현지인들과 대화하는 데 어려움을 많이 겪는다고 토로했다.

한 가지 사례를 보면, 시차에 상관없이 한국의 본사로부터 급한 보고서 요청 건들이 발생하는데 종종 부하 직원과 불편한 감정을 겪는다고 한다. 얼마 전에도 그러한 요청이 퇴근 무렵에 있어서 부하 직원에게 보고서 작성을 하라고 지시했는데, 그 부하 직원이 난감한 표정을 지었다. 알고 보니 그날 그 부하 직원은 가족들과 이미 중요한 행사를 위한 저녁 약속이 있었다. 어떻게 해야 할지 갈등을 하는 부하 직원에게 법인장은 "당연히 회사 일이 우선이어야지" 하며 다그쳤고 그 부하 직원은 밤늦게까지 보고서를 작성했다고 한다.

이런 경우 보고서야 그날 본사로 보내졌지만 "부하 직원의 감정 상태는 어떠했을까요"라는 질문을 K 이사에게 했을 때 '그 직원의 마음이 안 좋았겠지만 어쩔 수 없는 것이 아니냐'고 K 이사는 얘기했다. 그런데 그 직원의 가장으로서의 체면, 그리고 상사의 지시를 받아들여야 하는 불편함은 K 이사도 충분히 짐작할 수 있었다.

그렇다면 "앞으로 이런 상황이 다시 생겼을 때 다르게 할 수 있는 방법이 없을까요"가 필자의 다음 질문이었고 K 이사는 '별다른 방도가 없기 때문에 다음에도 그렇게 할 수밖에 없다'고 답했다. 책임감이 강한 법인장 입장에서는 부하 직원이 많은 것도 아니고 그 보고서 작성을 위한 데이터는 그 직원이 관리를 하고 있기 때문에 보고서도 그 직원이 작성을 해야 하는 상황으로 판단한 것이다.

문제는 이런 일이 반복된다면 어떻게 될지가 걱정이라는 것이었다. 그래서 직원과의 관계도 나쁘게 하지 않으면서 일도 되게 하는 방법을 법인장이 찾을 수 있도록 도와주었다. 바로 코칭 대화이다. 다음부터 어쩔 수 없이 야근을 피할 수 없는 상황이 생기면, 일방적 지시를 할 것이 아니라 우선 직원을 대화에 끌어들이는 것이다. 예를 들면, 일을 급하게 처리해야 하는 상황임을 직원에게 설명해 주고 '그 일을 어떻게 처리하면 좋을지', '그 일을 지금 하는 데 어려움은 없는지'를 개방형 질문으로 물어본다. 지난번처럼 직원이 어떠한 이유로 야근을 하기 어려운 상황에서는, 상사로서 결론을 내기보다 "이러이러한 방법으로 처리하면 어떻겠나"라고 힌트를 주고 직원의 의견을 들어본다. 예를 들면, 전체 보고서를 그 직원이 혼자 작성하기보다 데이터에 관련된 일은 그 직원이 하고 보고서 작성은 다른 사람이나 법인장이 하여 그 직원이 일을 빨리 끝마치고 가족들과의 약속 장소로 갈 수 있도록 하는 것이다. 그리고 그 일을 하고 난 이후에는 가족과의 약속 시간을 지키지 못하면서도 일을 끝마쳐준 직원에게 고맙다는 말을 진심으로 건넨다면, 그 직원도 그러한 난처한 상황을 덜 힘들게 받아들일 것이다.

또한 근무시간 이외에도 일을 해야 하는 급박한 상황을 근본적으로 해결하는 방안에 대해서도 직원과 대화를 하게 했다. "본사의 기대를 충족시키면서도 우리가 현명하게 대처하는 방법은 무엇일까요"라는 질문을 하여 직원이 주도적으로 의견을 내고 실천할 수 있도록 했다. 그래서 좋은 아이디어들이 제안되었는데, 예상이 되는 보고서는 평상시에 미리 초안을 작성해 두는 것과 담당 직원이 일을 하는 데 어려움이 있는 경우를 감안하여 그 자료를 다른 직원에게도 공유를 하는 것 등이다. 그리고 법인장도 보고서 작성 시 기한을 좀 더 여유 있게 가질 수 있도록 본사에 건의를 하는 것들이 제안되었다. 이러한 실행 방안들을 실천함으로써 서로 스트레스를 덜 받고 보고서도 더 수준 높게 작성될 수 있었다.

:: 마무리 – 쉽게 적용할 수 있는 코칭 모델

코칭은 일부 관리자가 아닌 전체 관리자에 의해 하나의 문화로서 자리를 잡을 필요가 있다. 코칭 문화는 현재의 조직 전반에 긍정적인 영향을 줄 수 있고 또한 새로운 조직 문화를 만드는 강력한 전략이기 때문이다. 코칭 문화는 개발과 학습의 지속적인 프로세스를 통해 조직원들이 업무 환경에서 가장 일을 잘할 수 있고, 최상의 결과를 얻을 수 있는 구조를 제공한다. 또한 조직 내에서 서로 상호작용을 할 수 있는 프로토콜을 제공하며, 조직의 가치를 강화하기 위해 수용되는 행동과 자제되는 행동의 기준을 정의할 수 있게 도와준다.[6] 그래서 코칭 문화를 개발한 회사에서는 직원들의 이직이 줄어들고 생산성이 향상되며 직장에서의 행복과 만족도가 높아진다는 보고들이 있다.

누구나 쉽게 적용할 수 있는 코칭 대화 모델을 하나 소개하면, 가장 많이 사용하는 코칭 모델 중 하나가 GROW 모델이다. GROW 모델은

존 휘트모어John Whitmore와 그의 동료들이 만들었는데, 그의 베스트셀러 인 『성과 향상을 위한 코칭 리더십Coaching for Performance』을 통해 대중들에게 알려졌다.

아주 간단한 틀을 사용하는 GROW 모델은 연속적인 코칭 대화를 통해 내적 잠재력을 이끌어내는 강력한 도구이다. 개인의 성취와 생산성을 최대화하도록 도와주면서 문제 해결이나 목표 설정을 하는 데 아주 유용하다.

GROW는 Goal(목표), Reality(현실), Option(선택), Way Forward(계획)의 머리글자로 네 개의 주요한 단계를 나타낸다. 코칭 대화 시 다음과 같은 질문을 한다.

"달성하고자 하는 목표는 무엇입니까?"(G)

"현재의 상황은 어떠한가요?"(R)

"현재 할 수 있는 것은 무엇일까요?"(O)

"미래에는 무엇을 시도해 보시겠습니까?"(W)

이 네 가지 단계를 통해서 개인은 자신의 열망, 현재 상황에 대한 이해, 열려진 가능성, 개인과 조직의 목적을 성취하기 위해 취할 수 있는 행동을 인식할 수 있다.[7]

이 모델은 간단하고 기억하기도 쉽기 때문에 코칭에 익숙하지 않은 사람들에게 많이 권장되는 코칭 모델 중 하나이다. 이러한 코칭 모델을 기억하고 실천하는 것부터 시작해 보기를 강력히 제안한다. 실천을 하다 보면 위에서 얘기한 코칭 리더십을 발휘할 수 있고, 그것이 얼마나 큰 차이를 만들어내는지를 스스로 경험할 것이다.

집단 지성과 창의력을 높이는 퍼실리테이티브 리더십

:: 전체 팀원의 참여와 역량 이끌어내기

과거에는 리더들이 자신들이 가지고 있는 생각이나 정보를 팀원들에게 전달하고 의사 결정을 하는 일방적인 업무 방식이었다. 하지만 도전과 불확실성이 많은 뷰카VUCA 시대에는 어느 하나의 정답만 있는 것이 아니기 때문에 모든 구성원들이 함께 생각하고 아이디어를 만들고 공유해서 더 나은 제안과 결정을 만들어가는 것이 필요하다. 그렇게 하기 위해서 리더들은 퍼실리테이터Facilitator의 역할을 하는 것이 기대되고, 관련하여 퍼실리테이티브Facilitative 리더십이 주목받고 있다.

우선 퍼실리테이션Facilitation이란 용어가 생소할 수 있는데, 퍼실리테이션은 "관련된 모든 사람으로부터 참여와 오너십, 창의성을 이끌어낼 수 있는 방법을 사용하여 합의된 목표를 달성하는 데 적합한 프로세스를 통해 사람들을 이끌어가는 기술"이다.[8]

퍼실리테이션은 그룹이 공동의 목표를 이룰 수 있도록 아이디어를 내고 그것들을 통합하고 조정하여 최적의 대안이 나올 수 있도록 집단의 대화 프로세스를 지원하고 촉진하는 것이다. 이렇게 함으로써 사람들의 창의성이 촉발되고, 공통의 문제를 다루는 공동체가 되며, 모든 참여자는 자신의 목소리를 낼 기회를 갖는다. 또한 원하는 성과물도 만들 수 있다.

:: 퍼실리테이티브 리더십이 기존의 관리와 다른 점

지금까지 관리자는 부하 직원과의 대화 과정과 의사 결정을 모두 주도해 왔다. 즉 대화의 콘텐츠와 프로세스 모두에 리더십을 발휘해 왔다. 그에 비해 퍼실리테이티브 리더는 중립적인 입장에서 대화의 프로세스를 관리하여 그 팀이 팀워크를 바탕으로 최대한의 성과를 얻을 수 있도록 지원하는 역할을 한다. 이른바 연출가나 오케스트라 지휘자와 같은 역할이다. 리더는 진정성을 갖추어서 팀원들이 리더를 믿고 따를 수 있도록 하고, 팀원들이 문제 해결의 주체로 스스로 답을 찾을 수 있게 도와주고 권한을 위임하여 결과적으로 팀원들의 성장을 이끌어낸다.

그러면 퍼실리테이티브 리더십은 구체적으로 어떻게 발휘될 수 있는가? 무엇보다 리더는 팀원들이 창의적으로 소통할 수 있는 편안하고 자유로운 분위기를 만드는 것이 필요하다. 서로 다른 경험, 가치관, 관점을 가지고 있는 다양한 구성원들이 서로를 존중하고, 조직에 잠재된 많은 아이디어가 서로 공유되는 과정을 통해 시너지와 혁신이 만들어질 수 있도록 충분히 격려되어야 한다.

답이 주어지지 않고 답을 찾아가는 프로세스와 구조를 만들어놓고,

그 안에서 구성원들이 '누구나 의견을 편히 낼 수 있다'는 분위기를 만들어주어 자신들의 능력으로 문제를 해결한다면 직원들의 자기 효능감은 높아지고 동기 부여에도 긍정적인 영향을 미칠 것이다. 이와 같이 조직에서 퍼실리테이티브 리더십이 잘 발휘되면 구성원들 모두에게 이점이 있다. 팀 구성원들의 역량과 잠재력이 자발적이고 적극적으로 발휘되어 결국 더 나은 해결책, 더 강한 팀 성과, 더 건강한 협업 문화를 낳게 할 것이다.

:: 직장 내 사례 – 변화 관리를 위한 그룹 토의 및 합의 도출

몇 년 전 한 다국적 제약 회사에서 일을 하면서 변화 관리를 위한 퍼실리테이티브 리더십을 발휘한 사례이다. 어느 날, 본사에서 조직 구조와 일하는 방식의 큰 변화를 공지했고, 이것은 우리 팀에 큰 부담이 되었다. 왜냐하면 이 변화가 인사부인 우리 팀에도 크게 영향을 미치지만 변화 주도자change agent로서 회사 전체를 위한 변화 과정을 이끌어야 하기 때문이다.

그래서 인사 부서장인 필자는 변화에 대해 본사로부터 구체적인 가이드라인이 오기 전에, 우리 팀이 좀 더 주체적으로 변화 관리를 준비하는 것이 좋을 것으로 생각했다. 즉 우리 팀원들이 이 변화에 대해 좀 더 이해를 하고 긍정적으로 받아들이며, 향후 변화 주도자로서 역할을 하기 위해 필요한 역량과 실행 계획은 무엇인지를 정리할 필요를 느꼈다.

그래서 필자는 오후 반나절 워크숍을 준비했다.

당시 필자는 ICA^Institute of Cultural Affairs International 퍼실리테이션 프로그램을 수강한 이후라 배운 내용을 다음과 같이 워크숍에서 적용했다.

우선 워크숍을 실시하기 전에 워크숍의 계획을 수립하는 것이 중요하기 때문에 어떤 맥락에서 어떤 의도를 가지고 워크숍을 하는지, 워크숍에서 얻기를 기대하는 결과는 무엇인지, 참석자들이 어떤 경험을 하기를 원하는지를 정리하고 워크숍을 위해 중요한 '초점 질문'도 정했다. 또한 워크숍을 위한 날짜, 장소, 준비물 등을 준비했다.

워크숍에서는 크게 두 가지 부분으로 진행을 했다. 첫 번째는 현재 상황에 대해 '집중 대화기법'을 사용하여 팀원들과 대화를 했다. 집중 대화기법은 네 가지 유형의 질문으로 구성되는데, 첫 번째는 주제에 대한 객관적인 정보를 얻기 위한 질문이고, 두 번째는 정보에 대한 감정적인 반응들에 대한 질문이다. 세 번째는 주제의 의미, 목적, 신념이나 중요성과 가치에 관한 대화이고, 마지막 네 번째는 의사 결정과 행동에 관한 것이다. 이렇게 네 단계의 질문은 효과적인 그룹 대화를 하게 도와주었다. 즉 주제에 대해 깊이 있게 이해할 수 있게 하고, 그룹이 가지고 있는 다양한 관점들을 충분히 공유할 수 있게 해줄 뿐만 아니라 현재 그룹의 합의 수준이 드러나게 하는 데도 도움이 되었다.[9]

워크숍의 두 번째 부분은 첫 번째 부분에서 논의된 내용을 바탕으로 향후 변화 주도자로서 역할을 하기 위해 무엇을 하는 것이 필요할지에 대한 아이디어 도출 및 합의로 이루어졌다. 논의를 하기 위한 맥락을 설성하고 브레인스토밍을 한 후, 아이디어들을 묶고 이름을 붙여준 뒤 의미를 결정하는 프로세스를 밟았다. 이러한 과정으로 워크숍을 진행하고 나니 모든 팀원들의 표정이 확실히 밝아졌다. 팀원들이 같이 대화를 함으로써 여러 가지 아이디어, 의견, 창의적인 제안을 공유할 수 있었고, 미래를 위한 실행 계획도 훨씬 풍부하게 만들 수 있었다. 이러한 대화와 계획을 정리하는 과정을 통해 팀원들은 변화에 대한 막연한 두려움과 부담에서 벗어나서 이제는 변화를 좀 더 깊이 있게 이해하고 관리할 준비가 되었음을 확인할 수 있었다.

이 워크숍을 위해 필자는 관리자가 아닌 퍼실리테이터의 역할을 충실히 했다. 워크숍의 내용은 참석자인 팀원들이 모두 제안하고 결정했으며 필자는 퍼실리테이터로서 프로세스를 진행하고 대화를 할 수 있는 분위기 조성에 집중했다. 그런데 그 결과는 필자가 관리자로서 일방적으로 설명을 하고 지시를 할 때보다 훨씬 효과가 좋았음을 느꼈다. 이것이 퍼실리테이티브 리더십의 힘이다.

:: 마무리 - 퍼실리테이티브 리더가 되기 위한 역량

퍼실리테이티브 리더십은 조직에 새로운 가능성을 가져올 것이며, 최적의 결과를 창출하는 방식으로 함께 일할 수 있도록 하며, 결국 새로운 조직 문화 구축으로 연결될 것이다.

그런데 이러한 접근은 과거와는 다른 업무 진행 방식이기 때문에 갑 자기 이렇게 분위기를 바꾸는 것은 쉽지 않을 것이다. 그렇기 때문에 리더들은 의식적으로 노력을 해야 하며, 특히 위계적 구조가 강한 조직에서는 퍼실리테이션의 필요성이 더욱 크다고 볼 수 있다. 퍼실리테이티브 리더가 되기 위해서는 기본적으로 다음과 같은 역량을 갖추면 도움이 된다.

1) 다양성을 이해하고 중립적인 태도로 편안하고 안전한 분위기 조성

이것은 퍼실리테이티브 리더가 가장 기본적으로 갖추어야 할 마인드이며, 이렇게 하기 위해서는 전제가 되어야 할 것이 있다. 일단 구성원 모두가 기여할 수 있는 능력이 있다는 믿음과 신뢰가 있어야 한다. 리더는 구성원들의 다양한 관점이 충분히 표현될 수 있도록 하고, 제안된 아이디어를 모두 수용하는 포용성을 가져야 한다. 자신의 판단이나 가정은 유보하고 참석자들에게 집중하며, 도움이 되는 질문을 하면서 그룹이 목적에 부합하는 결정을 하도록 돕는다.

2) 대화 프로세스 기획 및 실천

퍼실리테이션의 대표적인 부분이 대화의 기술과 의사를 통합하여 결정하는 기법일 것이다. 이 프로세스를 전체적으로 어떻게 가져갈 것인지에 대한 계획과 설계 및 실행 능력이 필요하다. 그룹 활동을 하는 이유와 목적을 분명히 하고, 그 과정은 어떻게 진행할 것이며 결과로 얻어야 하는 것은 무엇인지를 정의하고, 참석자 모두가 이를 인지한 후에 활동이 시작되어야 한다. 그룹 활동이 진행되는 과정에서도 효과적인 참여가 일어날 수 있도록 진행하고, 그룹의 갈등은 해결하되 창의성이 최대한 발휘될 수 있도록 한다. 이 과정의 대화를 이끌어가는 데는 기본적으로 탐색 질문, 적극적 경청, 대화 기법, 정리 스킬 등이 필요하다.

3) 집단 의사 결정 능력의 활용 등

회의, 토론, 워크숍 등 모든 활동에는 결과가 있기를 기대한다. 하지만 우리는 결과 없이 끝나는 그룹 활동을 너무나 많이 경험한다. 또는 결과가 만들어졌지만 참석자들이 동의하지 않거나 만족하지 않는 경우도 많다. 다양한 의견들이 개진되어 공유되는 것도 중요하지만, 수많은 다양한 아이디어를 가지고 어떻게 만족스러운 의사 결정을 하느냐는 퍼실리테이터의 중요한 임무 중 하나이다.

만족스러운 의사 결정을 하는 한 가지 방안은 참석자들을 의사 결정 과정에 참여시키는 것이다. 참석자들을 의사 결정에 참여시키면서도 기대하는 결과를 만들어갈 수 있는 방법론을 알고 있으면 유용하다. 예를 들면, 여러 가지 투표 방법이 있고, 아이디어를 계속 집약시켜 가는 민주적 의사 결정 방법론도 있다.

마지막으로 관리자가 퍼실리테이터로서 리더십을 발휘할 때는 자신의 역할에 대해 명확히 해야 한다. 그래야 다른 사람들이 혼란 없이 그 역할을 이해하고 퍼실리테이터가 이끄는 대로 잘 협조할 수 있다. 관리자와 퍼실리테이터의 역할이 혼재되어 있으면 안 되고, 퍼실리테이터로서는 프로세스를 리드하는 역할을 하고, 퍼실리테이터가 아닌 관리자 역할이 필요할 때는 그 역할에 대해 구성원들과 소통을 한 후 수행해야 한다.

조직의 다양성 수용을 통해
긍정적 성과와 문화를 만들어가는 포용적 리더십

:: 다양성의 인정과 포용

우리는 다양한 환경에서 일을 하고 있다. 우리가 다루는 제품과 서비스도 다양하고, 다양한 고객의 니즈도 맞춰야 하고, 일을 같이하는 개인들도 다양하고, 담당하는 지역적 범위도 훨씬 넓어졌다. 이러한 다양성을 우리는 얼마나 인정하고 활용하고 있는가?

한국 전체의 다양성을 보면, 한국은 경제 규모가 세계 11위이고 다른 지표들을 감안하면 세계 7대 강국에 포함된다. 하지만 여성 인력 활용도 면에서는 매우 낮은 수치를 보인다. 여성 고용률은 남성에 비해서 떨어지며, 여성 관리자 비율은 전체의 12.5%, 여성 임원은 2.3%에 불과하다. 이 수치는 OECD 회원국은 물론 아시아 태평양 지역에서도 최하위 수준이다.[10] 이것은 한국의 전체적인 상황일 뿐만 아니라 국내의 다양한 조직에서도 예외는 아니며 따라서 조직 내의 다양성을 높일 필요가 있다.

조직 내에서의 다양성은 사람들 간의 다름을 의미한다. 구성원의 다양성에는 나이, 성별, 인종, 종교, 국적, 장애 등 선천적으로 고유한 다양성도 있지만, 후천적으로 획득된 다양성도 있다. 예를 들면 문화적으로 잘 이해를 하는 것, 세대에 대한 지식, 기술 사용 능력, 글로벌 경험, 업무 스타일 활용 등이 있다. 사람들 사이의 이러한 다름은 모두 동등하게 평가되고 존중되어야 하며, 구성원의 다양성을 잘 수용하고 활용하는 것이 조직의 성공에 중요하다. 그래서 오늘날 거의 모든 조직들은 직원들의 경험을 향상시키기 위해 동등한 기회를 제공함으로써 최고의 인재를 유지하려고 노력하고 있고, 핵심 가치로서 다양성과 포용에 초점을 맞추고 있다.

그렇다면 다양성과 포용은 어떤 관계일까? 다양성이 사람들 사이의 다름이라면, 포용은 모든 사람들의 아이디어, 지식, 관점, 접근, 통찰력, 스타일의 다양함에 대해 개방적이고 신뢰하며 활용하는 것이다. 필자에게 가장 인상 깊었던 다양성과 포용에 대한 정의는 한 컨설팅 회사에서 주관하는 워크숍에서 들었던 내용이다. "다양성은 파티에 사람들을 초대하는 것이고, 포용은 파티에서 사람들과 같이 춤을 추는 것이다."

:: 포용적 리더십 발휘하기

포용적 리더는 다양성에 대해 인식을 하는 옹호자이며, 다양한 팀 내의 차이를 활용하여 보다 나은 성과를 달성할 수 있는 기술을 가지고 있는 리더이다.[11] 만약 조직이 비슷한 배경을 가진 구성원들로만 이루어져 있다면 어떤 일이 발생하겠는가? 문제를 바라보는 시각이나 해결을 위한 아이디어도 비슷할 것이고, 결론에도 쉽게 동의할 것이다. 문제는 그룹의 사고가 이렇다면 현재 필요한 혁신적인 아이디어로 연결되기 어렵다는 것이다. 다른 배경을 가진 구성원들이 포함된 팀이라면 문제와 기회를 다른 방법으로 볼 것이고, 그룹의 창의성이 확대될 것이다.

그래서 다음과 같은 몇 가지 실천을 해볼 수 있다.[12]

- 관리자가 다른 사람들을 대화에 능동적으로 참여시키고, 그들의 아이디어와 의견을 통합하여 고성과 팀을 구축한다.
- 관리자가 자기 인식을 하고, 자신의 개인적 편견에 대해 개방적이고 그 편견을 관리한다. 호기심과 관심이 많고, 다른 사람들과 함께 있는 것을 즐긴다.
- 관리자가 합의된 목적을 위해 다양성을 주도하며 새로운 사고, 창조성 및 혁신을 유발하게 한다. 하나의 일관된 비전에 사람들을 집중시켜서 결과를 얻을 수 있도록 한다.

:: 직장 내 사례 ─ 조직의 다양성 증진 및 포용적 리더십 개발

회사에서 오랫동안 다양성과 포용의 챔피언 역할을 하면서 필자는

많은 것들을 시도해 보았고 ㄱ중에서 몇 가지만 공유를 하겠다.

　다양한 조직일수록 성과를 비롯한 여러 가지 면에서 조직에 도움이 된다는 연구 자료들이 많이 있다. 그래서 첫 번째로 남녀 직원 비율의 균형을 맞추는 노력을 많이 했다. 그렇게 하기 위해서 먼저 현재 남녀 직원의 구성을 검토했다. 회사 내부적으로 부서나 직급과 같은 기준에서 남녀 직원의 비율을 분석하고, 회사 외적으로도 동종 업계에 있는 다른 회사를 벤치마킹했다. 이러한 결과로 얻은 데이터와 회사가 향후 가고자 하는 방향을 고려하여, 남녀 균형을 높이는 것이 필요한 특정 직급이나 부서에 대해 합의를 했다.

　근무했던 한 회사에서는 임원 직급과 영업 부서에 있는 남녀 직원의 심한 불균형이 문제였다. 여러 부서의 임원들이 모여서 이 두 그룹의 비율을 언제 어느 정도로 올릴 것인지도 정하고 그렇게 하기 위해 같이 노력해야 할 부분도 합의했다. 예를 들면, 영업 부서의 여자 직원 비율을 높이기 위해 직원 채용의 최종 면접 단계에 여성 후보자를 반드시 포함하는 것이다. 또한 여자 직원이 영업 부서에서 오래 일을 할 수 있도록 경력 개발을 도와주고 멘토링하는 프로그램을 실행했다. 이러한 노력은 효과를 나타냈고, 모든 부서에서 이러한 노력을 하면서 실질적인 변화를 만들어갔다.

　두 번째는 다양한 인재 채용이다. 인사부에서 일을 하면서 발견한 재미있는 사실은 관리자들은 자기와 비슷한 성향의 직원을 뽑으려는 경향이 있다는 것이었다. 언뜻 보기에는 서로 코드가 잘 맞아서 좋을 수 있겠지만, 팀 시너지, 창의성 차원에서도 바람직할지는 고려해 보아야 한다. 관리자와 같은 생각과 행동을 하는 사람들로 팀원들을 채울 필요는 없을 것이다. 그래서 채용이 필요한 때는 어떤 인재가 필요한지에 대해 관리자가 먼저 고민을 하게 했다. 현재 팀의 성향이나 강점 및 보완할 부분, 향후 집중해야 할 업무를 감안하여 어떤 역할을 할 인재의 영입이 필요한지를 먼저 결정하고 난 이후에 채용 절차를 밟도록 했다.

세 번째는 근본적으로 임원과 모든 관리자가 포용적 리더십을 키우고, 포용적인 환경과 문화를 만드는 것이다. 이 목적을 위한 프로젝트 팀을 이끌고 있었던 필자는 다음과 같은 과정을 제안하고 실천했다.

1. 현재 상황에 대한 진단: 현재 나의 조직의 다양성과 포용적 리더십은 어떠한지, 포용적 리더십에 대한 나의 이해는 어떠한지, 실제 실천은 어떻게 하고 있는지 등에 대한 설문 또는 인터뷰 조사를 실시.

2. 1번의 결과를 바탕으로 리더들을 위한 학습 기회 제공: 포용적 리더십이 무엇이고 왜 중요한지, 포용적 리더십의 요소와 가능하게 만드는 것은 무엇인지, 효과는 어떠한지, 포용적 리더가 될 수 있는 실천 방안은 무엇인지에 대해 워크숍을 실시.

3. 학습 강화: 배운 지식을 온라인 학습으로 강화시키고, 인지한 내용에 대한 점검을 할 수 있도록 함.

4. 실천 행동 계획 수립: 특정 기간까지 구체적으로 시도해 볼 행동 계획을 세우고 실천.

5. 점검 및 공유: 각자의 실천 계획이 얼마나 진도를 만들어 나갔는지를 점검하고, 좋은 실천 사례인 경우 다른 사람들과 공유하여 조직에서 시너지를 만듦. 예를 들면, 다음과 같은 많은 좋은 제안들이 공유됨.

- 팀 회의 시에 관리자가 회의를 주도하지 않고 팀원들이 돌아가면서 회의를 진행

- 프로젝트 팀을 구성할 때 신입사원처럼 그동안 배제되었던 그룹들도 포함하여 더 다양한 팀원들이 참여할 수 있도록 함

- 한 부서의 정기 회의 때 다른 부서 사람들도 초청하여 업무에 있어 공동의 영역을 넓힘

- 그룹 토의 시에 부서 내의 소수자들에게 발언권을 먼저 주고 의견을 개진하도록 함

- 팀을 관리하는 리더는 본인이 관리하는 팀 내에 심각한 다양성의 이슈가 있는지 검토해 보고 개선할 수 있는 행동을 계획

:: 마무리 – 포용적 리더십의 이점과 실천

포용적 리더십은 우리에게 많은 이점들을 주고 있으며, 다음과 같이 이것을 지지하는 연구 자료들이 있다.

- 상위 10% 내의 성과를 보이는 기업들은 포용적인 인재 시스템 구축

에 더 중점을 두었다(딜로이트Deloitte, 2015).[13]

- 팀을 기반으로 하는 과제에서 통합 팀이 동료 팀보다 80% 더 높은 성
  과를 달성했다(딜로이트 오스트레일리아Deloitte Australia, 2013).[14]

- 기업의 성과에 있어, 성별이 다양한 기업이 경쟁사보다 15% 더 높고,
  인종이 다양한 기업이 경쟁사보다 35% 더 우수하다(매킨지McKinsey & Co,
  2010).[15]

위의 자료들은 다양성과 포용이 성공적이고 생산적인 조직에 얼마
나 중요한지를 보여준다. 또한 포용적 리더십이 직원들의 만족감, 충성
도, 동기 부여, 창의성 등에도 긍정적인 영향을 미친다는 연구들이 많이
있다.

포용적인 접근을 하기 위해서 가장 먼저 해볼 수 있는 것은 근본적으
로 우리가 가지고 있는 편견을 들여다보는 것이다. 우리는 각자 많은 다
름을 가지고 있는데, 이것을 인정하는 것이 쉽지 않고, 다름을 틀리다
또는 옳지 않다라고 생각하는 경우가 많다.

우리가 일단 이러한 편견, 가정, 믿음, 추론을 가지게 되면 변경하기
가 쉽지 않다. 이것은 아주 자연스럽게 우리의 뇌에 자리를 잡아 우리의
행동에 영향을 미치고, 그러한 행동은 조직에도 영향을 미친다. 이러한
현상은 우리도 의식하지 못한 채 발생되며 제어하기가 어렵다. 왜냐하
면 자동으로 우리의 뇌가 판단을 하게 만들어버리기 때문이다. 그래서
이러한 우리의 편견을 인정하는 것은 아주 중요한 출발점이다.

다음 프로세스는 이러한 편견을 우리가 어떻게 다룰 것이냐이다. 우리의 숨겨진 편견을 인지할 수 있다면 우리는 그것을 모니터하고 우리가 행동을 하기 전에 그러한 태도를 개선할 노력을 할 수 있을 것이다. 그리고 실제로 실천할 수 있는 것들을 찾을 수 있다.

리더십의 기본으로 돌아가 선한 영향력을 행사하는 진성 리더십

:: 진정한 리더십이란?

조직에서 여러 리더들과 일을 하면서 '리더십이란 과연 무엇일까'라는 생각을 많이 했다. 리더십은 '조직과 개인의 목표를 달성하기 위해 긍정적인 영향력을 발휘하는 것이다'라고 흔히 얘기한다. 그러면 비즈니스 성과가 좋으면 리더십이 좋은 것인가? 이것은 너무 조직의 성과적인 관점에서만 보는 것이 아닌가라는 의문이 들었다.

변화가 많고 가야 할 방향이 명확하지 않은 경영 환경에서 우리는 어떻게 길을 찾아야 할까? 아마도 제대로 방향을 잡기 위해서는 나침반이 필요할 것이다. 이런 환경에서는 리더십에 대해서도 방향에 대한 재설정이 되어야 할 것이다. 뷰카VUCA 시대에 리더들은 조직과 팀을 어떻게 안전하고 생산적으로 만들어서 성장하게 할 수 있을까?

이것에 대한 답변으로, 페퍼다인 대학의 조너선 실크Jonathan Silk와 에

벌린 부스Evelyn Booth 박사는 관리자와 팀원들 사이의 관계를 강조했다. "뷰카VUCA 시대에는 20세기 리더십 모델에 의존하는 것은 부적절하며, 안정적이고 안전하며 협력적인 문화를 형성하고, 가장 중요한 것은 관리자와 팀원들 사이에 진정한 관계가 존재하도록 보장하는 리더십이 큰 도움이 될 수 있다"라는 것이다. 리더들은 언제나 자신감이 있고 강해야 한다는 패러다임에서 벗어나서, 느끼는 것을 투명하게 의사소통하고, 언제나 도움을 주는 상태로 있어야 한다. 이렇게 함으로써 다른 사람들과 안전하고 신뢰할 수 있는 연결을 할 수 있다. 이러한 진성 리더십이 21세기에는 필요하다.[16]

진성 리더십은 리더십의 본질을 다시 세우는 것이다. 화려한 카리스마를 보였던 리더십의 거품이 사라지고, 리더십의 본질인 진정성 있는 사명이 발휘되는 것이다. 그동안의 리더십이 부하나 다른 사람들에 대한 영향이나 변화를 강조하는 리더십인 반면, 진성 리더십은 리더 본인으로부터 출발한다. 리더가 리더십의 본질과 정체성으로 돌아가서 선한 영향력을 발휘하는 것이다. 진성 리더가 구성원과 사회에 영향력을 행사하는 원리는 진실된 스토리를 기반으로 한 진정성이다. 진성 리더의 사명도 진정성이 있고, 구성원에게 권한 위임을 하는 방법도 진정성이 있으며, 사명을 실천하기 위한 노력에도 진정성이 있다. 리더의 진정성은 그들의 사명이 리더 자신과 구성원의 마음에 잘 스며들게 만들고, 이를 통해 리더와 구성원의 자발적 실천을 이끌어낸다. 그리고 이 자발적 실천은 조직뿐만 아니라 사회에 영향을 미쳐 큰 변화를 일으킨다.[17]

:: 진성 리더가 되기 위한 노력

진성 리더십을 가능하게 하는 4가지 요인이 있는데, 자아 인식, 내면화된 도덕적 신념, 관계의 투명성, 균형 잡힌 정보 처리이다.

자아 인식은 리더 자신의 정체성에 대한 성찰을 의미한다. 자아 인식은 진성 리더십에 있어 가장 핵심적인 요소이며 리더가 자신을 둘러싸고 있는 상황 속에서 자신의 존재를 인식하는 것이다. 자신이 어디에서 왔고, 지금은 어디에 서 있는지, 또 어떤 목적지를 향해서 가고 있는지를 이해하는 것이다. 그렇게 하기 위해 자신의 강점과 약점, 목적의식, 가치관, 감정, 본성, 경험, 역량 등에 대한 이해가 필요하다. 자아 인식을 연습하는 방법은 다음과 같은 것을 시도해 볼 수 있다.

- 다른 사람들로부터 피드백을 구한다.
- 자기 성찰을 통해 자신의 행동을 잘 이해한다.
- 정기적인 자기 관찰을 하여 본인의 감정 상태를 항상 파악한다.

내면화된 도덕적 신념은 자신의 목표를 내면의 가치에 따라서 완성시키는 것이다. 사회적 압력에 영향을 받지 않고 내면화된 가치나 윤리적 기준과 일치되게 행동하고 의사 결정을 내리는 것을 말한다. 이것을 실천하는 방법은 리더가 모범이 되는 것이다. 당신의 팀이 기대하는 것과 같은 가치와 행동을 연습하면서 보여주는 것이다.

관계의 투명성은 자신의 진정성을 다른 사람에게 보여주는 것을 의미한다. 자신의 생각과 감정을 표현하면서 다른 사람들과 진실되게 의사소통하고 진실한 관계를 구축해 나가는 것이다. 이것을 실천하는 방법은 어떤 상황에서든 리더들이 투명성과 정직성을 보여주는 것이다. 설령 그것으로 인해 당장의 불이익이 있더라도 그렇게 하는 것이 개인의 리더십이나 장기적 관점에서는 이로울 것이다.

균형된 프로세스는 리더가 의사 결정을 하기 전에 모든 적절한 자료들을 객관적으로 분석하고, 그들의 현재 직위에 도전하는 구성원들로부터 의견을 구하려는 것이다. 즉 리더 자신의 입장과 반대되는 의견을 수렴하고 주요 의사 결정 시 관련된 자료와 다양한 의견에 대한 충분한 검토를 하는 것이다. 이러한 균형된 프로세스는 긍정적 모델링을 통해 조직 구성원에게 긍정적 영향을 미친다. 이렇게 하기 위해 중요한 것은 구성원들이 의견을 공유할 수 있는 안전하고 격려하는 분위기를 만드는 것이다. 이것은 자아 인식과 연결이 되는데, 자신의 의견은 편향되고 완벽하지 않다는 인식을 충분히 해야 한다. 외부의 피드백을 모으는 과정을 통해 자신의 부족한 부분을 볼 수 있을 것이다.[18]

:: 직장 내 사례─진성 리더 모델

IT 회사에 다닐 때 필자는 진정한 리더를 만났다. 그분은 중요한 비즈니스 팀을 이끄는 부서장이었는데, 입사 후 얼마 되지 않아서 필자는 그분과 같이 내부 워크숍을 실시하게 되었다. 그 팀의 관리자들과 함께 하루 종일 비즈니스 계획을 만드는 과정이었는데 그 부서장과 필자가 역할을 나누어서 진행을 했다. 다소 경직될 수 있는 주제였음에도 워크숍 내내 팀 분위기가 긍정적이었고 생산적이었으며, 입사 후 첫 번째 워크숍을 필자도 편안하게 진행할 수 있었다. 워크숍이 끝난 후에 그때의 분위기를 돌아보면서 워크숍을 잘 끝마칠 수 있었던 것은 겉으로 드러나지는 않았지만 강력한 그 부서장의 리더십 덕분이었음을 깨닫게 되었다. 워크숍 내내 부서장으로서의 권위를 세우지 않으면서 스스로 모범을 보이려는 자세를 유지했고, 무엇보다 한참 후배인 필자에게 존댓말을 깍듯하게 하면서 필자의 역할을 존중하는 모습이 무척 인상적이었다.

그 이후에 필자는 그분이 많은 사람들로부터 호감과 존경을 받고 있었다는 것을 알았다. 회사 내부 직원들뿐만 아니라 외부 고객들에게도 똑같은 긍정적인 피드백을 받고 있어서 그분을 더욱 관찰하게 되었다. 그분은 명문 대학 출신이 아니었고, 화려한 외양이나 유창한 언변을 가지고 있지도 않다. 하지만 리더로서 기대되는 본인의 역할을 잘 이해하고 실천했으며, 다른 사람들과 공감을 하고 장기적인 관계를 만드는 데 탁월해 보였다. 그리고 무엇보다 겸손해서 자기 수양이 되어 있었다. 그렇게 함으로써 그 팀의 성과도 아주 좋았다.

그 부서장은 하버드 비즈니스스쿨 빌 조지Bill George 교수가 얘기한 진정한 리더의 다섯 가지 차원, 즉 목적과 열정, 가치와 행동, 관계와 연결성, 목표를 위한 자기 수양과 일관성, 그리고 마음과 연민을 모두 가지고 있었다.

- 목적과 열정: 자신의 역할에 대한 분명한 목적의식을 가지고 있으며, 하고 있는 일에 남다른 열정을 가지고 있고 동기가 부여되어 있었다.
- 가치와 행동: 자신의 가치와 신념을 가지고 있고, 회사 내부에서 일을 하거나 외부 고객들과 일을 할 때도 그러한 가치와 신념에 따라 행동했다.
- 관계와 연결성: 다른 사람들과 관계를 구축하고 유대감을 가지려는 노력을 했다. 자신의 경험을 공유하고 타인의 경험도 경청하며, 사람들과 늘 소통하는 자세를 보였다.
- 목표를 위한 자기 수양과 일관성: 목표에 집중하고 어려움이 있더라도 목표를 향해 전진하는 자기 훈련이 되어 있었다. 또한 스트레스를 받는 상황에서도 언제나 침착하며 일관성을 보였다.
- 마음과 연민: 내부 직원이나 고객에게 진정한 마음으로 다가가고 다른 사람들의 요구에 민감하게 반응하며 그들을 기꺼이 도왔다.

이러한 요소들을 모두 갖추고 있었기 때문에 그 부서장은 많은 사람들로부터 신뢰와 존경을 받았고, 그 이후에도 더 높은 직위로 계속 승진하여 여러 회사의 대표직을 맡으셨고 몇 년 전에 퇴임하셨다. 이러한 리더를 만난 것은 나에게 큰 행운이었다. 그 후로는 이러한 리더를 만나기가 쉽지는 않았기 때문이다. 나에게 진정한 리더의 모델로 남아 있어준

그분께 항상 감사한 마음이다. 20년도 넘는 오래전에 만난 분이지만 시대를 불문하고 진정한 리더는 변함이 없다는 것을 깨우쳐 주셨다.

: : 마무리 ─ 진성 리더로 거듭나기

진성 리더십은 이론적인 이해뿐만 아니라 필자가 실제로 이러한 진성 리더를 만났기 때문에 개인적으로 믿음이 크다. 진성 리더십은 품성이 중요하지만 개발도 가능하다.

무엇보다 먼저 리더 자신을 아는 것과 자신이 믿는 것으로 시작한다. 그리고 어떤 상황에서도 자신이 되는 준비를 한다. 당신의 핵심 가치를 기억하고 당신을 가이드하는 나침반으로 사용한다. 그리고 리더로서 매일 취하는 행동과 의사 결정을 당신의 믿음과 철학과 일치시키는 것이다.

이렇게 함으로써 확실히 자아 인식을 높일 수 있을 것이며, 당신의 강약점과 다른 사람들에게 당신이 어떻게 인식이 되는지 더 잘 이해할 수 있다. 이러한 과정을 거친 후에 당신의 리더십 스타일은 더욱 개발될 수 있을 것이다.

여러 세대가 함께 일을 조화롭게 하는 다세대를 위한 리더십

:: 직장에서의 다양한 인력 구성

오늘날 조직의 인력 구성은 큰 변화를 나타내고 있다. 예전과는 달리 다양한 여러 세대들이 함께 일을 하고 있고, 각 세대는 독특한 경험, 관점, 가치관, 목표, 선호도를 가지고 있다. 또한 세대교체가 일어나고 있는데 밀레니얼 세대가 큰 주류로 부상을 하고 있다.

많은 다른 점을 가진 여러 세대를 관리하고, 또한 그들을 통해 성과를 창출하는 것은 리더들에게 도전임이 분명하다. 직장 내 세대교체에 관한 언스트앤영Ernst & Young의 연구에 따르면, 경영자의 75%가 직장에서 여러 세대를 관리하는 것이 도전 과제라고 보고하고 있다.[19] 그렇기 때문에 조직이 성공하기 위해서는 여러 세대를 잘 관리하여 모두 화합하고 시너지를 만들어가는 것이 필요하다. 왜냐하면 세대 차이를 해소하는 것은 기업 문화, 경쟁력, 직원 유지와 사기, 그리고 채용에 있어 긍정적인 영향을 미치기 때문이다.

:: 새로운 세대, 밀레니얼은 외계인?

"뷰카VUCA 시대의 리더는 밀레니얼이다"라는 말처럼, 요즘 부쩍 밀레니얼 세대에 대한 얘기가 많이 대두되고 있다. 이유를 보면 다음과 같다.

- 1980년에서 2000년 사이에 태어난 밀레니얼 세대는 변화하는 시대와 더불어 기존 세대와는 확연히 차별화되는 특성을 지니고 있다.

- 세계적 은행인 골드만삭스Goldman Sachs와 다국적 전문 서비스 회사인 PWC에 따르면 2020년까지 노동력의 50%에서 75%가 밀레니얼이 될 것이라고 한다. 즉 밀레니얼은 우리 노동력의 가장 큰 비중을 차지하며 우리 미래의 리더가 될 것이다.

- 밀레니얼들은 여러 가지 면에서 뷰카VUCA 환경에 더 적합해 보인다. 왜냐하면 그들은 기술에 의해 발전된 급속한 변화의 시대에 성장했기 때문이다.

- 우리는 현재 다양한 세대와 일을 하고 있다. 정년을 감안하더라도 조직에는 최소한 세 세대 또는 네 세대가 공존하고 있고, 이렇게 새롭게 부각된 밀레니얼 세대도 엄연히 같이 일을 하고 있는 한 세대이다.

밀레니얼에 관해 가장 많이 이야기되는 것이 다른 세대와 많이 다른 그들의 독특한 특성과 선호이다. 2019년 11월에 개최된 '글로벌 인재 포럼 2019'에서 CCLCenter for Creative Leadership의 제니퍼 딜Jennifer J. Deal 선임 연구원은 2만 5000명의 밀레니얼과 2만 9000명의 매니저와 임원들을 대상으로 한 조사 결과를 발표했는데, 밀레니얼들이 기대하는 것은 다음과 같다.

- 사람에 관해서 친구를 갖는 기회와 직장에서 공동체를 갖는 기회, 그들

의 근심을 염려해 주는 관리자, 그들이 신뢰하는 동료나 멘토를 원한다.

- 일에 대해서는 재미있고 틀에 박히지 않는 것을 원하고, 자율권과 융통성을 선호하며, 사회적으로 책임 있는 조직에서 일을 하기를 원한다.

이것 이외에도 밀레니얼에 대한 많은 책들과 필자의 경험을 보았을 때, 밀레니얼들은 강점도 있고 또 다른 측면도 보이고 있다.

- 디지털 기술에 익숙하고 장비를 잘 다룸 ⇔ 이전 세대보다 주의력이 짧고 정서를 다루는 것이 서툰 편임.
- 많은 정보를 가지고 있고 글로벌화가 많이 되어 있음 ⇒ 모두가 전문 가이자 글로벌 인재임.
- 속도와 혁신을 자연스럽고 받아들임 ⇔ 무엇이든지 빠른 결과물을 보고 싶어하고, 시간이 많이 걸리거나 장기적인 계획 같은 것에 회의적임. 복잡한 것을 싫어함.
- 환경의 영향으로 다양함에 대해서도 익숙함 ⇒ 다름과 다양성에 열려 있음.
- 독립적이고 자율적이어서 자신이 좋아하는 것에 대해서는 적극적임 ⇔ 조직에 충성도가 높지만 고용 안정을 추구하지는 않음. 회사의 경력보다 개인 브랜드에 더 관심이 있음. 선택의 자유를 원하고 때로는 의존적일 때도 있음.

- 소유보다는 공유를 지향하고 혼자이지만 협업은 잘함 ⇔ 어딘가에 소속되기를 원하나 헌신하지는 않음. 성취보다 참여 자체에 대한 보상을 원함.
- 성장을 중시하며 열심히 학습하고 일함 ⇔ 자신을 더 성장시켜 줄 수 있는 곳이 있다면 옮기고 싶어함.
- 진정성과 정직함을 추구 ⇔ 진정성이 없을 때는 마음을 열지 않음.
- 재미를 추구 ⇔ 재미와 의미, 어느 것도 놓칠 수 없음. 일과 삶의 균형이 중요.

:: 밀레니얼과 호흡 맞춰 일하기

이렇게 다양하면서도 복잡한 특성을 지닌 밀레니얼과 호흡을 맞춰 일하기가 기성세대 입장에서는 쉽지 않을 수 있다. 하지만 조직의 주된 직원으로서, 또한 미래의 리더로서 밀레니얼과 같이 일을 해야 하고 성과를 만들어내야 한다. 밀레니얼들을 동기 부여하고, 조직에서 조화롭게 일을 같이 해나가기 위해 밀레니얼 세대의 특징을 이해하고 존중해주어야 할 것이다.

리더를 포함한 기성세대가 보는 밀레니얼의 시각이 있다면, 밀레니얼이 보는 리더에 대한 시각이 있을 것이고 기대하는 리더의 역할이 있을 것이다. '2019 대한리더십학회 춘계학술대회'에서 발표된 국내 대기업 밀레니얼 세대 직원을 대상으로 연구한 자료에 따르면, 밀레니얼 세대가 인식하는 조직 내 리더의 모습은 다음과 같다.

첫째, 미래보다는 현재에 집중하고 있는 모습이다.

둘째, 새로운 시도보다는 안전을 추구하고 있는 모습이다.

셋째, 피드백보다는 지시에 익숙한 모습이다.

조직의 리더에 대한 이러한 생각과 더불어 밀레니얼 세대가 인식하는 리더의 역할은 다음과 같다.

첫째, 리더는 구성원들에게 업무의 방향성을 명확하게 제시하는 역할을 수행해야 한다.

둘째, 리더는 조직 내 긍정적인 분위기 조성을 촉진하는 역할을 수행해야 한다.

셋째, 리더는 조직 내 불합리한 관행과 잘못된 행동을 제거하는 역할을 수행해야 한다.

넷째, 리더는 구성원들이 신뢰할 수 있는 피드백을 주는 역할을 수행해야 한다.

다섯째, 리더는 구성원들의 성장을 지원하는 역할을 수행해야 한다.

밀레니얼 세대가 기대하는 리더의 역할을 보면 결국 이 장에서 필자가 언급한 리더십이다.

• 진성 리더십은 조직이 나아가야 할 방향인 비전, 사명, 가치에 대한
  믿음을 갖게 한다. 진성 리더는 내비게이션(가치를 효율적으로 창출
  할 수 있는 회사 고유의 비즈니스 모형)과 나침반(사명과 목적)을 가

지고 제대로 된 의사 결정을 할 수 있고, 상대에게 긍정적 영향력을 미치는 쪽의 윤리적 의사 결정을 하게 한다. 이렇게 리더는 구성원들에게 업무의 방향성을 명확하게 제시하는 역할을 수행할 수 있다. 또한 내면화된 도덕적 신념과 함께 외압의 영향을 받지 않고 자신의 내면의 가치관에 따라 조직 내 불합리한 관행과 잘못된 행동을 제거하는 역할을 수행할 수 있다.

- 퍼실리테이티브 리더십은 구성원들과 함께 수평적으로 소통하며 민첩하게 일을 하면서 효율적인 조직 문화를 이끌어낼 수 있다. 즉 비지시적인 방법으로 구성원들이 하는 일을 이해하고, 결정을 내릴 수 있도록 지원하고, 도움을 주는 역할을 통해 조직 내 긍정적인 분위기 조성을 촉진하는 역할을 수행할 수 있다. 이런 리더십하에서 구성원들은 자기 효능감과 동기 부여가 높아지고 모험적인 시도를 하도록 육성될 것이다.

- 포용적 리더십은 구성원 각각의 다양성을 이해하고 가치 있게 생각하고 포용하도록 한다. 그렇게 함으로써 조직 전체의 역량과 시너지를 만들 뿐만 아니라 구성원의 개발과 몰입을 이끌어낼 수 있다.

- 마지막으로 코칭 리더십은 관찰, 질문과 피드백을 통해 구성원의 잠재력을 최대한 발휘할 수 있도록 지원한다. 코칭 스킬을 연마하고 파트너십을 바탕으로 구성원들에게 신뢰할 수 있는 피드백을 주고, 그들의 성장이 일어날 수 있도록 지원하는 역할을 수행할 수 있다.

:: 직장 내 사례 – 여러 세대가 시너지를 만들면서 함께 일하기

조직에서 다세대가 같이 일을 하면서 보이는 문제점들이 있었는데, '직장이나 업무에 대한 다른 기대'와 '나이 든 직원을 관리하는 젊은 관리자의 불편함' 같은 것들이 대표적이었다. 이러한 문제점들을 해결하기 위해 각 사례별로 다루기도 했지만, 이러한 이슈들이 다른 팀이나 다른 직원들에게도 발생될 수 있기 때문에 회사 전체적으로 다루는 것이 필요했다.

이러한 도전을 해결하기 위해서는 프로그램들을 개발하고 적용해야 한다. 다음은 필자가 회사에서 실행했거나 타 회사에서 실행을 도와준 사례 중에 효과가 있었던 프로그램들이다.

- 세대 차이에 대한 교육: 관련한 주제에 대해 강의를 할 수 있는 외부 강사를 초청하기도 하고, 내부에서 워크숍을 진행하여 서로에 대한 이해를 높이고 효과적으로 함께 일할 수 있는 방안을 찾았다. 워크숍에서는 다른 세대를 이해할 수 있는 책을 읽고 토의하기, 각 세대에 관한 퀴즈 맞추기, 서로 다른 세대와 일을 하면서 당황스러웠던 경험 공유하기, 서로 시너지를 만들 수 있는 제안하기 등 흥미로우면서도 유용한 내용들을 다루었다.
- 여러 세대가 함께 일할 수 있도록 장려하는 프로그램: 코칭 및 멘토링 프로그램을 진행할 때 서로 다른 세대를 매칭하여 서로 지식과 경

험을 공유하도록 장려했다. 리버스 멘토링도 나름 효과가 있었다. 그리고 일 년에 한두 번은 다 같이 모여 멘토링 콘서트를 열어서 서로의 사례를 공유하면서 프로그램이 활성화되도록 했다.

- 맞춤 의사소통: 세대 선호도를 반영한 커뮤니케이션 전략을 수립하고 실천했다. 다양한 사람들이 같이 공존하는 직장에서 일어나는 일은 다른 세대의 개인에 의해 다르게 해석되는 경우가 많다. 예를 들면, 베이비부머에게 좋은 소식처럼 보이는 것이 X세대의 구성원에게는 달갑지 않은 것일 수 있고, Y세대가 선호하는 것은 기존의 세대에게는 경박해 보이는 것일 수 있다. 그래서 민감하게 받아들일 수 있는 사안에 대해서는 의사소통을 더욱 주의 깊게 준비했다. 예를 들면, 어떤 변화에 대한 공지를 할 때 회사 차원에서는 큰 방향에 대한 공지를 하고 구체적인 것은 각 부서장이 부서의 구성원들에 맞게 메시지를 만들어서 전달하는 것이었다. 당시에 어떤 부서의 구성원은 거의 대부분이 40대 이상이고, 또 어떤 부서는 평균 30대 초반이며 구성원 모두가 여성이었다.

- 연령, 성별, 직급, 부서 등에서 다양한 구성원으로 프로젝트 팀을 구성: 회사 비전 만들기, 연초 킥오프 미팅 같은 전사적 프로젝트를 할 때 다양한 세대가 프로젝트 팀에서 함께 일을 하게 했다. 이는 세대별로 선호하는 아이디어가 반영되도록 하고 자연스럽게 다른 세대를 이해하고 협업하는 기회가 되었다.

- 팀빌딩 활동: 회사의 봉사활동, 체육대회 등과 같은 공식적 또는 비

공식적 팀빌딩 행사 시에 서로 다른 세대가 자연스럽게 어울릴 수 있도록 프로그램을 만들어서 실시했다. 처음에는 어색해하지만 시간이 지나면서 서로 어우러졌다.

:: 마무리 – 다세대 직원들을 효과적으로 관리하기 위한 리더십

오늘날 많은 조직에서 각각의 고유한 스타일, 사고방식, 가치관, 목적과 선호도를 가진 3세대 이상이 같이 일을 하고 있다. 이러한 여러 세대를 조화롭고 효과적으로 관리한다면 조직의 시너지를 만들고 성장을 같이 해나갈 수 있지만 그렇지 못한 환경에서는 오해와 갈등을 낳고 성과에도 도움이 되지 않을 수 있다.

리더들이 다세대를 효과적으로 관리하기 위한 스킬과 새로운 상황에 필요한 확장된 리더십 스킬을 갖추는 것이 필요하다. 다음과 같은 것들이 다세대를 관리하는 리더들에게 제안될 수 있는 것들이다.

1) 세대별 다양성 이해 및 존중하기

가장 먼저 해야 할 것은 각 세대를 잘 이해하는 것이다. 세대마다 다른 관점, 가치, 신념 체계와 관리자와 직원 간의 연령 차로 인해 상황은 복잡하다. 필자의 경험상 이 세대들이 서로 잘 이해하고 같은 관점과 목표를 가질 것이라는 기대는 하지 않는 것이 좋다. 이런 상황을 잘 관리하기 위해서 관리자가 우선 해야 할 일은 세대별 특징과 그들이 서로 어떻게 다른지를 잘 이해하는 것이다. 다양한 특징, 다양한 관점, 다양한 목표를 깊이 있게 이해하는 것뿐만 아니라 이것을 가치 있게 평가할 필요가 있다. 그래야 윈윈하고 기회를 만들어갈 수 있다.

2) 현재의 도전과 기회 이해

실제로 조직에서 다세대가 함께 일을 하며 문제나 갈등이 있는 것도 사실이다. 그래서 각 세대의 이해를 바탕으로 현재 상황에 대한 분석을 해보는 것도 도움이 된다. 현재의 도전은 무엇이며 심각성의 정도는 어떠한지, 기회는 어떤 것이 될 수 있는지 등에 대해 파악해 보는 것이다.

3) 조화로운 협업을 통한 시너지 창출

한 가지 좋은 방법은 각 세대의 장점이 잘 발휘되도록 하는 것이다. 그렇게 하여 조직의 역량을 키워나가고 개인의 참여와 동기 부여도 늘리는 것이다. 여러 세대의 조직이 주는 이점을 최대한 가져가는 것이 직원들을 효과적으로 몰입시키고, 회사 차원에서도 성과를 만들어나갈 수 있을 것이다.

제1장 리더십
Leadership

제2장 탁월함
Excellence

제3장 민첩성
Agility

제4장 협력과 파트너십
Collaboration & Partnership

뷰카(VUCA) 시대의 탁월함은 어떻게 만들 것인가?

"뛰어난 리더는 뛰어난 연설을 할 수 있거나 인기가 넘치는 사람이 아니라 결과로 변화를 말하는 사람이다." 피터 드러커^{Peter Drucker}의 명언이다.

다변적이고 도전이 많은 뷰카^{VUCA} 시대에도 성과를 창출해야 하는 우리의 소명에는 변함이 없다. 다만 성과를 만들어가는 탁월함에 있어서는 변화가 필요할 수 있다. 또한 그 탁월함을 어떻게 만들어나갈 것인가를 고민해야 하는 상황이다. 이것에 대한 답을 얻기 위해 거시적 차원에서 뷰카^{VUCA} 환경을 좀 더 이해하고 어떻게 대응해야 할지에 대해 먼저 알아보는 것이 도움이 될 것이다.

변동성^{Volatility}, 불확실성^{Uncertainty}, 복잡성^{Complexity}, 모호성^{Ambiguity}을 지

칭하는 뷰카VUCA는 우리 모두에게 영향을 미치고 있다. 새롭지만 아직 완전히 세팅이 되지는 않은 뷰카VUCA의 상황에 우리는 대면하고 있고 잘 대처해야 하는 의무가 있다. 이것은 선택할 수 있는 사안이 아니기 때문이다. 도전과 기회들은 아무런 사전 경고 없이 우리에게 다가오고 지나간다. 조직에서는 살아남기 위해 매일 이러한 도전과 기회들을 다루어야 한다. 예전의 방식으로 다루면 실패하기 십상이다. 그러면 이러한 위기와 도전들을 기회로 만들기 위해서는 어떻게 해야 할까?

뷰카VUCA를 효과적으로 다루기 위한 대안들이 나오고 있으며, 또 다른 뷰카VUCA가 제안되고 있다. 바로 비전Vision, 이해Understanding, 명확성 Clarity과 민첩성Agility이다. 뷰카VUCA의 도전적인 상황을 이 새로운 개념으로 읽는 것은 실리콘밸리에 있는 미래연구소Institute for the Future의 밥 조핸슨Bob Johansen 박사가 제안했으며, 이로 인해 매우 불안정하고 불확실하며 모호한 세계에 대한 해결 방안이 제시되었다.[20]

먼저 변동성Volatility은 변화의 유형, 속도, 규모로 인한 것으로 우리는 방향성에 대한 예지력을 가져야 한다. 이러한 격변의 시기에는 비전으로 대응할 수 있다. 조직이 6개월, 1년, 장기적으로 3년에서 5년 후에 어디로 가고 싶은지에 대한 명확한 비전이 있으면 가변적인 상황 변화를 좀 더 잘 예측할 수 있을 것이다. 조직이 비전을 가지면서 경제의 하강 국면이나 시장에서의 새로운 경쟁과 같은 변화에 대응하는 비즈니스 결정을 만들어갈 수 있다. 이것은 궁극적으로 성취하고 싶은 성과와 결과에 집중하게 하는 데 중요하다. 그러므로 확실한 비전을 만들고, 그것이 조직 내에서 분명하게 공유가 되고, 실천이 되어야 한다.

불확실성Uncertainty은 익숙하지 않은 영역에서 예측이 어려운 상황을 뜻하기 때문에 이러한 것들에 대해 이해하는 노력이 필요하다. 구체적으로 조직을 이끌어가는 데 영향을 미치는 다각적이고 경쟁적인 요인들에 대한 감각을 가져야 한다. 가능한 한 많은 정보와 전문성을 확보하는 것이 필요하다. 고객, 경쟁자, 판매자, 공급자 등 모든 이해 당사자들에 대한 정보를 얻고 자신이 담당하는 영역의 전문성을 넘어설 수 있도록 배워야 한다. 또한 조직의 모든 직원들과 효과적으로 의사소통을 하고 팀워크와 협력을 발휘하여 시너지를 만들어가야 한다.

복잡성Complexity은 세계가 서로 연결되어 있으면서도 복잡하게 상호의존하는 것으로 이 상황에 대한 명료함을 요구한다. 복잡한 상황에 대해 탐색하여 어떻게 적절히 반응하고 대응할지에 대한 감각이 필요한 것이다. 뷰카VUCA 세계에서 복잡성은 우리 모두의 주변에 있다. 복잡성과 연계되어 있는 모든 세부 사항들을 빠르고 명확하게 파악하고, 좀 더 현명하면서도 정보를 바탕으로 한 의사 결정을, 그것도 가장 빨리 해야 한다.

모호성Ambiguity으로 인해 시나리오에는 여러 관점과 해석이 있을 수 있으며, 각 상황에 대한 민첩성이 필요하다. 민첩한 문화를 만들어서 조직 전체에 걸쳐 의사소통을 활발히 하고, 변화하는 시나리오에 새로운 해결안을 공유하기 위해 빠르게 적응할 수 있어야 한다.[21]

뷰카VUCA의 대응 방안으로 제안되는 비전, 이해, 명확성과 민첩성은 서로 연관이 되어 있으며, 이런 것들이 우리에게 내재화되어 있어야 한다. 이제는 뷰카VUCA가 새롭지만 통상적인 비즈니스 환경이 되었고, 뷰카VUCA를 다루기 위해 조직이나 리더들은 전략을 만들고 환경을 관리해야 한다. 뷰카VUCA는 이제 현재의 실제 상황이고 당장 관리해야 하는 것이다. 그래서 이것을 잘 다루든지, 아니면 포기하든지 선택을 해야 하는 시점이다.

다음 질문은 어떻게 그것을 가능하게 만들 것이냐이다. 우리가 먼저 해야 할 것은 이러한 것들이 가능하게 하는 조직 기반을 구축하는 것이다. 즉 어떤 조직 구조와 어떤 조직 문화가 요구되는지에 관한 것이다. 두 번째는 탁월함을 만들기 위해 필요한 중요한 역량은 무엇이냐에 관한 것이다. 세 번째는 그러한 역량은 인재로부터 나오기 때문에 인재 양성 및 관리를 어떻게 할 것이냐이고, 네 번째는 성과를 어떻게 평가하고 인정할 것이냐에 관한 것이다.

성공하는 조직의 특성: 조직 구조, 조직 역량, 조직 문화

:: 수평적이고 자율적인 조직으로 변화에 적응

뷰카VUCA는 지금까지 우리가 겪었던 비즈니스 상황과는 많이 다르다. 과거와 다른 비즈니스 환경에 적응하고 지속적인 성과를 내기 위해서 조직은 내부적으로 어떤 구조를 가져가야 할까? 예전과 달리 더 중점을 두어야 할 조직 역량은 무엇일까? 또한 이러한 것들을 가능하게 하는 기반으로 필요한 조직 문화는 무엇일까?

먼저 조직 구조에 대해 살펴보면, 근래에 많은 회사들에서 나타나는 몇 가지 특징이 있다. 조직 계층 수 줄이기, 한국적 호칭을 없애고 '○○님', '○○○ 프로' 등의 새로운 호칭을 사용하기, 개인 사무실을 줄이고 함께할 수 있는 공동의 공간 넓히기, 필요에 따라 프로젝트 팀 같은 비공식 팀 만들기 등……. 이러한 현상의 공통점을 보면, 예전에 강조되었던 계층 구조를 없애고 수평적인 조직 구조가 많이 도입되고 있다. 기존의 조직 틀과 업무 방식이 아닌 다른 방식으로 시도하는 것들이 많이 관찰된다.

왜 이런 현상이 일어나는지를 보면 뷰카VUCA 시대의 변화와 연관이 있다. 끊임없는 변화와 여러 가지 도전이 있는 뷰카VUCA 환경에서 무엇보다 요구되는 것이 유연성과 민첩성이다. 예전에 많은 계층이 있는 수직적 조직에서는 무언가를 검토해서 결정을 하는 데 많은 시간이 걸린다. 그런 조직은 위험을 감수하면서 끊임없이 새로운 시도를 해야 하는 뷰카VUCA 시대에는 잘 맞지 않다. 조직 차원에서 민첩성과 대응력을 높이려면 그에 맞는 좀 더 수평적인 조직 구조가 필요하며, 이러한 쪽으로의 변화가 계속 일어나고 있다.

또한 많은 도전이 있는 뷰카VUCA 시대에는 조직에서 한 사람의 역량이나 리더십으로 해결하기에는 벅차다. 뷰카VUCA 이전 시대에는 탁월한 리더가 혼자 이끌어갈 수 있었다. 예측이 가능한 시대였고, 리더의 지시에 따라 실행하면 성과가 나왔다. 하지만 뷰카[VUCA] 시대에 진입하면서 패러다임이 달라졌다. 이제는 수평적 조직에서 어느 한 사람이 아닌 팀 전체의 역량을 십분 발휘하여 대응해야 할 상황이다.

그러면 수평적 조직의 정의는 무엇인가? 수평적 조직은 기존에 관리자에게 부여되었던 권한과 책임을 조직 구성원들과 공유하는 것이다. 즉 수평적 조직은 집권화보다는 분권화를, 계층 구조보다는 네트워크 구조를 지향하며, 팀 중심으로 일하고, 고객과 밀착해 있는 부서와 그 구성원이 의사 결정권을 갖는 조직으로 정의할 수 있다.[22]

수평적 조직은 여러 가지 이점을 가져다준다. 우선 고객 중심으로 혁신이 가능하다. 팀 구성원들이 각각의 프로세스를 담당하며 문제 해결을 위한 실질적인 권한과 책임을 갖기 때문에 고객에 더 잘 응대할 수 있다. 이렇게 비즈니스나 조직 차원의 문제들을 신속하게 해결해 나가면서 변화하는 비즈니스 환경에서 보다 유연성을 가질 수 있다. 구성원들은 과거 관리자의 지시에 따라 일을 하는 방식에서 보다 수평적인 관계하에서 자율적으로 일을 하고 의사 결정을 함으로써 참여와 동기 부여를 높일 수 있다. 또한 여러 기능 부서가 네트워킹을 하면서 일을 하는 것은 팀 내에서나 팀 간에 커뮤니케이션과 협력을 더욱 가능하게 한다.

관리자는 수평적 조직하에서 관리자 역량 및 리더십을 강화하고 역할을 제대로 하는 것이 필수적이다. 조직의 비전과 가치를 팀원들과 공유하고 함께 이끌어가는 리더십을 발휘해야 한다. 관리자들은 팀원들을 코칭하면서 잠재력을 끌어올리고, 권한 위임을 통해 인재를 육성하여 그들이 능력을 잘 발휘하도록 지원해야 한다. 팀원들의 다양한 의견과 가치를 존중하고 열린 소통의 분위기를 만들어 직원들이 모두 참여하고, 오너십을 가지고, 창의적인 아이디어로 기여할 수 있는 조직 분위기를 조성해야 한다. 또한 서로에게 배우고 시너지를 발휘할 수 있는 학습 조직을 만들어 팀의 역량을 키워서 긍정적인 결과를 만들어가는 관리가 필요하다.

수평적 조직으로 전환할 때는 이미 경험을 한 다른 회사를 벤치마킹하면 도움이 된다. 성공 요소와 실패 요소는 무엇이고, 어떻게 관리를 하는 것이 좋을지에 대한 통찰력을 얻을 수 있을 것이다.

혁신적이면서도 급진적인 조직 문화 개선을 시도한 세계적인 온라인 의류 쇼핑몰 자포스Zappos는 수평적인 조직을 도입한 후 3년이 지난 지금까지도 여전히 다음과 같은 진통에 시달리고 있다.[23]

1. 조직 내 혼란: 변화를 받아들일 수 없는 많은 직원들이 회사를 떠남. 떠난 사람의 대부분이 관리자급의 숙련된 직원인데, 파격적인 변화에 대한 거부감이 나타났고 직위를 없애면서 동기 부여에 문제가 생김.

2. 직원들은 책임지기를 원하지 않는다: 조직 구성원들이 과도한 권한과 책임 부여에 부담을 느끼고 감당하기 힘들어함.

3. 암묵적인 서열은 사라지지 않는다: 계층 조직이나 직급을 없애더라

도 영향력을 미치는 사람이 있고 매끄러운 판단을 어렵게 함.

4. 지연되는 의사 결정: 책임을 부담하고 있는 구성원이 자신의 판단으로만 결정을 내려야 하니 시간이 지체되는 현상을 보임. 또한 동등한 위치에 있는 팀원들이 중요한 결정을 내려야 할 때도 미팅이 필요 이상으로 많아짐.

근래에는 이렇게 수평적이고 자율적인 '애자일 조직'으로 전환을 시도하는 회사들이 늘어나고 있다. '애자일Agile'은 소프트웨어 개발을 위한 방법론이었는데 이제는 비즈니스 환경의 변화에 빠르게 대응하는 전략으로 인식되어 조직 구성과 일하는 방식에 변화를 일으키고 있다. 업무 기능 위주의 기존 부서들과 달리 애자일 조직에서는 특정한 업무 목적을 위해 다양한 기능을 하는 구성원들로 구성된 유기적인 소규모 팀을 운영한다. 이렇게 함으로써 업무에 대한 권한과 자발성을 가지고 서로 협력하여 창의적인 솔루션을 만들고 성과를 창출할 수 있다.

하지만 우리나라뿐만 아니라 글로벌 차원에서도 애자일 조직의 도입과 운영은 어려운 과제이다. 매년 애자일 현황조사 보고서를 발표하고 있는 콜랩넷 버전원CollabNet VersionOne의 2019년 보고서("13th Annual State of Agile Report")를 보면, 애자일 가치와 조직 문화 충돌, 변화에 대한 조직의 저항, 경영진의 지원과 스폰서십의 부적절, 애자일 방법의 스킬과 경험 부족, 팀들 간에 프로세스와 관행의 일관성이 없음 등 여러 가지 도전들이 있다.

새로운 조직 구조나 문화로의 이행에는 추가적인 노력이 필요하고 시간이 걸린다. 변화의 과정에서 나타날 수 있는 장애물을 미리 생각하고 관리해야 한다. 근본적으로 수평적 조직으로의 이동을 위해 어떤 부분을 어떻게 바꾸어갈 것인지에 대한 고민과 합의가 조직 내에 만들어져야 하며, 전환을 위한 변화 관리에 중점을 두어야 한다.

:: 민첩함과 협력으로 조직의 비전을 달성

1) 민첩성

뷰카VUCA 시대에 조직이 갖추어야 할 역량은 무엇일까? 아마도 첫 번째는 민첩성일 것이다. 뷰카VUCA 시대에는 '완벽함보다 속도'라는 얘기를 많이 한다. 변화의 속도가 빠르기 때문에 일단 상황에 대한 빠른 대응을 해야 한다. 일단 시도를 해보고 수정해 나가는 방법이 너무 늦어서 뒤처지는 것보다 나을 수 있다. 다른 사람들과의 상호작용도 빨리 되어야 일이 잘 진행될 수 있다. 의사 결정도 늦지 않게 되어야 효력을 발휘할 수 있다. 이 모든 것을 가능하게 하려면 경험으로부터 배우고, 새롭거나 처음 직면하는 상황에서도 학습한 것을 빠르고 유연하게 실천하고 적용할 수 있는 학습 민첩성이 요구된다. 우리는 과거의 패턴을 반복하는 것이 아닌 예측하지 않았던 일을 마주치게 되는 환경에 있기 때문에 새로운 경험과 기회에 잘 적응할 수 있는 능력이 개인 차원이나 조직 차원에서 갖추어져야 한다.

2) 협업 능력

거대한 도전의 시대에 우리는 같이 고민하고 방향을 잡고 실천을 해야 한다. 과거에는 예측이 되기 때문에 각 개인이 자기에게 주어진 일만 하더라도 성과를 내는 데 문제는 없었다. 불확실성과 변화가 많은 뷰카 VUCA 시대에는 조직 내부적으로나 외부적으로나 역량을 모아서 일을 하는 것이 필요하다. 서로 배울 수 있고, 다양한 아이디어도 얻을 수 있고, 문제 해결도 더 잘 해나갈 수 있기 때문이다. 비전과 공동의 목표를 세우고, 의사소통이나 일하는 방식, 보상 등에 대한 상호 동의와 신뢰를 바탕으로 협업을 해나가면 조직의 시너지를 확대하는 데 도움이 될 것이다.

리더들도 다른 사람들에게 영감을 주고 조직의 목표를 달성하려면 직원들의 역량을 최대한 활용할 필요가 있다. 그들의 지식, 기술, 경험이나 다양한 관점을 열심히 듣고 그들의 생각을 배워야 한다. 계층적 영역 내에서의 기능적 지식을 강화하기보다는 내부 네트워크, 상호 연결 및 상호 의존성을 촉진하고 지원해야 한다.

3) 조직 차원의 학습 능력

뷰카VUCA 시대에는 꾸준한 학습이 일어나야 한다. 개인 차원의 학습뿐만 아니라 조직 차원에서도 학습이 필요하다. 매일 새로운 기술과 혁신이 전달되고, 변화가 꾸준히 만들어지는 불확실한 상황에서는 서로 배워야 한다. 과거의 경험을 새로운 상황에서도 잘 활용하는 학습 민첩성을 발휘할 뿐만 아니라, 새로운 것을 배우고 서로 정보와 아이디어도 꾸준히 공유하면서 조직 역량을 키워가는 것이 필요하다. 예측이 가능한 환경에서는 한번 학습하고 경험을 했다면 추가 학습이 필요 없을 수 있지만, 뷰카VUCA 상황에서는 꾸준한 학습만이 나와 팀을 지탱해 줄 것이다. 피터 셍게Peter Senge가 주창한 학습 조직을 다시 만들어야 한다. 그래서 문맹이 되지 말아야 한다.

"미래의 문맹자는 읽거나 쓸 줄 모르는 사람이 아니라 배우고 익히고 다시 배우지 못하는 사람이다"라고 앨빈 토플러Alvin Toffler는 『미래 쇼크 Future Shock』에서 말하고 있다.

4) 공유된 비전과 가치

민첩성, 협업 능력, 학습 능력에 더하여 조직에서 공유된 비전과 가치를 가지고 있는 것이 필요하다. 앞에서 변동성Volatility에 대한 대응 방안이 비전이라고 말했다. 변동성과 불확실성이 높은 시기일수록 나아갈 방향을 설정하는 것이 필요하다. 또한 어떻게 그 방향으로 갈 것인지에 대한 가치가 필요하다. 그렇지 않으면 더욱 혼란스러울 것이다. 어떻게 행동하고 의사 결정을 할 것인지에 대한 가이드라인은 혼란스러운 상황을 좀 더 편안하게 받아들이고 더 잘 적응하게 도와줄 것이다. 예를 들면, 민첩성이나 정직, 협업 같은 것을 조직의 가치로 만들어서 조직원들 사이에 공유한다면 조직 역량은 더 잘 발휘될 것이다.

"비전 있는 회사visionary company를 세우려면 1%의 비전과 99%의 정렬이 필요하다"라고 짐 콜린스Jim Collins는 말했다. 공유된 비전과 명확한 방향은 조직의 성공을 위해 항상 중요하다. 뷰카VUCA 환경에서도 모든 사람이 비전을 이해하고 지지하며 그 안에서 자신의 역할을 철저히 이해할 수 있도록 하는 것이 리더들의 역할이다. '큰 그림'이 분명하고 합의가 되면 조직은 비전에 부합하는 결정과 행동으로 빠르게 대응함으로써 시장의 환경 변화에 대처하고 변동성을 더 잘 견뎌낼 수 있을 것이다.

5) 조직 역량 관리

경영 성과에 미치는 영향을 고려하면 조직 역량이 개인 차원의 역량보다 중요하다. 그래서 조직 역량은 체계화해서 관리를 할 필요가 있다. 개인이나 팀 단위의 관리는 비교적 쉽게 가능하지만 조직 차원에서의 관리는 쉽지 않기 때문이다. 현재 조직이 당면한 내/외적인 비즈니스 환경을 고려하여 필요한 조직 역량을 구체적으로 명시하고, 현재 상태와 필요한 상태의 갭을 정의한 후 기대 수준만큼 끌어올리기 위한 실천 방안과 함께 전사적인 노력이 필요하다. 그렇게 함으로써 조직의 전략 실행과 자원의 배분에 대한 결정을 이끌어내기 위해 조직 역량을 체계적으로 사용할 수 있을 것이다.

:: 심리적 안전감으로 사람들을 지지하는 문화

뷰카VUCA 환경에서 필요로 하는 조직 문화는 무엇일까? 그리고 조직 문화는 왜 중요할까? 일반적으로 조직 문화가 잘 형성되면 원하는 행동을 촉진하고 보상하며, 이것은 재능 있는 직원들을 유치하고 유지하는 데 도움이 된다. 조직 문화는 또한 성과와 밀접한 연관이 있다는 많은 연구들이 있다. 조직 행동 학술지Journal of Organizational Behavior에 실린 연구에 의하면, "문화가 먼저 오면 성과가 뒤따를 것이다"라고 말하고 있다. 높은 수준의 참여, 일관성, 적응성 및 투명한 미션으로 특징지어지는 포용적인 조직의 문화는 고객 만족도, 직원 생산성뿐만 아니라 주가, 직원 이직률, 고용에도 긍정적인 영향을 미친다.[24]

이전과는 확연히 다른 비즈니스 환경에서 조직 문화도 달라질 필요가 있을 것이다. 지금까지 얘기되는 것들을 보면, 뷰카VUCA 시대에는 코칭 문화, 민첩한 문화, 협력 문화, 변화와 혁신의 문화 같은 것을 만들어야 한다. 그런데 이러한 모든 것을 가능하게 하려면 좀 더 깊은 곳에 자리 잡아야 할 문화가 있다. 바로 구성원들이 어떠한 의견이라도 말할 수 있고, 그러한 과정을 통해 오너십을 가지고, 성과를 만들어가는 기초적인 문화가 필요하다.

조직에서 새로운 변화와 목표를 성공적으로 추구하려면 직원들의 정서를 잘 읽고 긍정적으로 움직일 수 있도록 하는 것이 필요하다. 사람은 더 높은 목표를 달성하면서 도전을 하려는 마음과 실패에 대한 두려움이 공존한다. 특히 뷰카VUCA 시대에는 불확실성으로 인한 위험이 더 클 수 있는데 이것을 너무 염두에 두면 한 발짝도 나아가기 어려울 것이다. 그렇기 때문에 직원들이 계산된 위험을 기꺼이 감수하는 용기와 자신감을 가지게 하고, 실패해도 비난받지 않는다는 조직 분위기를 만들어야 한다. 조직심리학에서는 이것을 심리적 안전감psychological safety이라고 한다.

스웨덴의 컨설팅 사인 유니버섬Universum이 2017년 가장 입사하고 싶은 회사에 대한 설문 조사를 실시했다. 12개국을 대상으로 실시했는데, 브라질, 캐나다, 중국, 프랑스, 독일, 인도, 이탈리아, 일본, 러시아, 한국, 영국, 미국이었다. 설문 결과를 토대로 '가장 매력적인 회사World's Most Attractive Employers' 순위를 발표했는데 가장 가고 싶은 회사 1위가 구글Google이었다.[25]

구글의 성장과 성과 비결에 대해 많은 분석이 있었는데, 구글 내부에서도 '아리스토텔레스'라 불리는 프로젝트가 실시되었다. 이 프로젝트에는 조직심리학자, 사회학자, 엔지니어, 통계학자로 이루어진 팀이 '무엇이 팀을 효율적으로 만드는가'에 대한 연구를 했다. 그 결과를 보면, 중요한 것은 팀원이 누구였는지가 아니라 팀원들이 어떻게 서로 교류를 하고, 업무를 어떻게 분배하며, 서로의 기여도를 어떻게 생각하는가였다. 그리고 구글 내부에서 성공한 팀의 특성 중 첫 번째로 소개된 것은 '심리적 안전감'이었다.

심리적 안전감을 오랫동안 연구해 온 에이미 에드먼슨Amy Edmondson 하버드대 비즈니스스쿨 교수는 심리적 안전감을 "직원들이 업무와 관련하여 그 어떠한 말을 하더라도 벌을 받지 않을 것이라고 생각할 수 있는 환경"이라고 설명한다. 심리적 안전감은 편안함과는 다르고, 심리적으로 안정된 사내 환경은 동료들이 서로를 칭찬하고 친절함을 베푸는 환경이 아닌 서로의 아이디어가 자유롭게 공유될 수 있는 분위기이다. 업무와 관련해 그 어떤 말을 하더라도 벌을 받지 않을 것이라 생각하는 것이다. 즉 본인이 하는 말이 업무와 관련한 나쁜 소식, 도움 요청, 혹은 실수를 인정하는 말일지라도 그 어떤 보복이 없을 것이라 믿는 것이다.[26]

그런데 사람들은 실수에 대해 솔직하게 말하는 것을 힘들어한다. 지금까지 리더들은 심리적으로 안정적인 직장 환경이 직원들의 성과에 자극이 되지 않는다는 생각을 했다. 그러나 뷰카VUCA라는 복잡하고 예측 불가능한 경영 환경에서 훌륭한 성과를 내기 위해서는 심리적 안전감이 필요하다. 왜냐하면 뷰카VUCA 환경에서는 한 사람이 아닌 전체 팀원들이 창의적이고 혁신적인 아이디어를 내어 문제를 해결하고 성과를 만들어가야 효과적이기 때문이다. 즉 집단 지성으로 팀 역량과 시너지를 만들어가야 하는데, 그렇게 하려면 모든 팀원이 자신들의 아이디어, 제안, 정보를 충분히 말하고 공유하는 것이 필요하다.

그래서 수평적 조직을 통해 의사소통을 활발히 할 수 있도록 만드는 것이 중요한데 이것이 바로 심리적 안전을 위한 구조이다. 이 구조 안에서 사람들은 의견을 말하는 것을 두려워하지 않고 아이디어를 내는 데 서슴지 않는데, 이렇게 서로 더 나은 제안을 찾아가야 불확실한 상황에서 성과를 만드는 데 도움이 된다. 기업의 심리적 안전감의 유무는 여러 경로를 통해서 파악할 수 있는데, 예를 들면 설문조사나 외부 컨설턴트에 의한 인터뷰를 함으로써 가능하다. 무엇보다 중요한 것은 리더들이 심리적 안전감과 관련하여 사내 분위기를 파악해야 한다는 것이다.

그렇다면 직장에서 심리적 안전감은 어떻게 조성할 수 있을까? 2019년 ≪매일경제≫에서 에드먼슨 교수와 인터뷰한 내용을 보면 크게 두 가지 방법이 있다. 하나는 리더가 어떻게 말하고 행동하는가이고, 또 하나는 배움, 개선, 혁신을 위한 회의와 과정을 지지하는 것이다.[27]

심리적 안전감을 조성하는 데는 리더의 역할이 아주 중요하다. 이때 요구되는 리더십에서 가장 중요한 것은 '상황에 따른 겸손함situational humility'을 갖는 것이다. 아직 경험하지 못해봤던 상황에 닥쳤을 때 우리에게는 해당 상황을 벗어날 수 있는 모든 해답이 있지 않다. 또한 개인의 경험과 상관없이 앞으로 어떤 일이 일어날지 알 수 없다. 이런 환경에서 개인에게 무언가가 잘못될 수 있다는 적절한 겸손함이 없으면 그 사람은 현실성이 떨어지는 사람이다. 또한 상황에 따른 겸손함은 리더들이 다른 사람들의 말을 진실된 호기심과 관심, 집중을 가진 상태에서 듣게 만든다. 직장 내에 심리적 안전감이 없는 것은 위험을 감수하는 것이며, 장기적으로 회사가 혁신하고 성공하기 위해서는 심리적 안전감이 꼭 필요하다.

심리적으로 안전감이 있는 사내 환경이 만들어지더라도 직원들이 자신의 생각을 말하는 것을 꺼리는 경우가 있는데, 직원이 말을 하도록 이끄는 동기 부여는 다음과 같은 곳에서 생긴다고 에드먼드 교수는 이야기한다.

첫째, 회사의 제품과 서비스가 고객과 사회에 기여를 한다는 '진실된 믿음genuine belief'이다.

둘째, 성과 관리 시스템이 직원들이 이야기를 하도록 동기를 부여한다. 특히 모든 사람이 업무 향상을 위해 필요한 피드백, 코칭, 배움의 기회를 갖는 것은 개인이 의견을 표출하게 동기를 부여하는 요소이다.

에드먼슨 교수도 지적한 바와 같이, 상명하복식 기업 문화 때문에 한국에서 직원들이 자신의 의견을 표출하는 것은 쉽지 않다. 그리고 이런 기업 문화 속에서는 심리적 안전감이 존재하기가 더 어렵다. 또한 직원들을 보더라도 여러 가지 한국 문화의 영향, 주입식 교육, 윗사람의 지시를 받아 일을 하는 데 익숙한 기존 직원들은 자발적으로 의견을 표현하는 데 여전히 소극적이다. 이제 뷰카VUCA 시대를 살아가면서 조직의 문화가 어떻게 변화해야 할지 심각하게 고민해 보아야 할 때이다. 이것은 회사가 장기적으로 성과를 내고, 직원들이 동기 부여되어 일을 하고, 그래서 모두가 윈윈하는 상황을 만드는 것이다. 어떤 문화가 이런 상황을 만드는 데 도움이 될지를 논의하고, 그것을 만들어가는 데 다 같이 노력하는 것이 요구된다.

:: 직장 내 사례 – 애자일(Agile) 조직

'글로벌 인재 포럼 2019'의 '일하는 방식의 혁신' 세션에서 오렌지라이프의 애자일 변화Agile Transformation에 대한 발표가 있었다. 오렌지라이프는 2018년에 보험업계에서 최초로 조직 개편을 통해 애자일 조직을 도입하여 업무 방식을 혁신했다. 즉 부서 간 경계를 허물고 필요에 따라 소규모 팀인 스쿼드squad를 구성해서 빠르게 업무를 수행하는 조직으로 전환한 것이다. 스쿼드(분대)는 특정한 프로젝트를 위해 영업, 마케팅, 상품 기획, 정보 기술(IT) 등 각기 다른 챕터에서 헤쳐 모인 직원들로 구성된 소그룹이다.

그림 2-1 애자일 변화 개념도 1

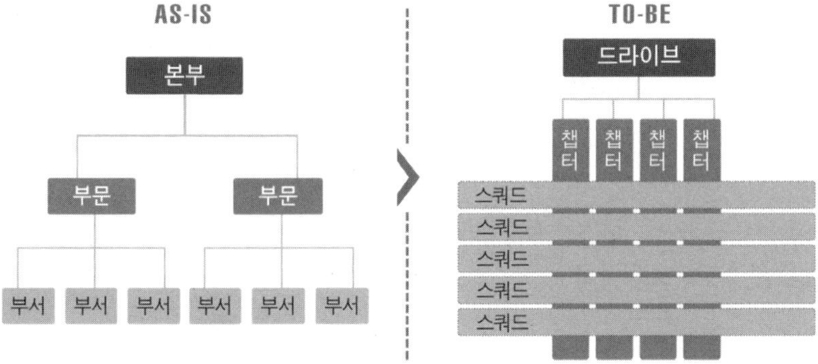

자료: 글로벌 인재 포럼 2019.

이렇게 변화를 한 배경을 보면, 디지털 기술이 세상의 변화를 가속화시키고 있고, 저금리와 저성장이 세계 경제의 표준이 되었으며, 이와 같은 흐름이 계속되고 있는 상황이다. 이런 상황에서는 모든 조직이 빠른 혁신을 통해 생존할 수 있는 성장 전략을 마련해야 하며, 과거의 관행으로 일을 해서는 외부 변화를 따라잡기 어렵다. 수평적 조직으로 변모해서 단위 조직들에 자율성과 권한을 부여하고, 고객을 중심으로 변화에 민첩하고 유연하게 대응해야 한다. 시대가 변하면 고객들의 요구 사항도 변화하기 때문이다.

기존의 계층 조직은 수직적/기능적 계층 구조이고 업무 수행에 세부적인 지시가 필요하며 서로 단절된 조직이었다. 애자일 조직은 유기적/수평적 조직 구조이고 고객 중심 운영 방식이며 업무의 시작부터 완수까지 한 팀에서 진행하는 End-to-End 책임 중심 팀 구성이다. 이러한 조직의 전환으로, 과거의 계층 조직에서 권한이 부족하고 주어진 답이 있고 실행이 느리고 사일로(조직 이기주의)가 있었던 상황이었다면, 애자일 조직에서는 권한 위임이 되고, 창의적 해결을 하며, 실패에 대한 빠른 배움이 있고, 부서 간 업무Cross-functional가 가능하다.

그림 2-2 애자일 변화 개념도 2

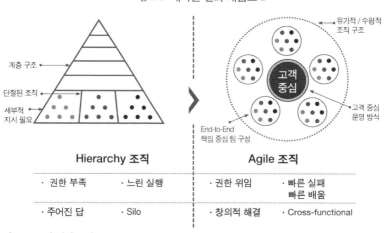

자료: 글로벌 인재 포럼 2019.

이 새로운 방식의 변화는 패러다임의 전환이 요구되었다. 리더 중심에서 집단 지성으로의 전환을 함으로써 실행력을 높이고 권한 위임이 가능해졌다. 그 결과 지시에 따라 일사불란하게 움직이는 조직에서 고객 중심으로 스스로 혁신하는 조직으로 변화가 가능했다. 또한 인재 관리 차원에서도 구성원들이 조직의 현안과 관련하여 다양한 역할을 자유롭게 수행할 수 있다 보니 자신만의 강점을 바탕으로 역량을 발휘하고 결과물도 만들어갔다. 이것은 조직의 공정성을 높일 뿐만 아니라 구성원들의 동기 부여와 자신감에도 긍정적인 영향을 미쳤다.

애자일 조직이 도입된 지 1년이 지난 시점에 업무 효율과 직원들 '워라밸(워크라이프 밸런스work-life balance)'에 효과가 있었음을 보여주었다. 신상품 준비 기간 단축 및 빠른 출시, 모바일 환경에서 계약 정보를 확인하는 스마트 안내장의 수신 동의율 향상 등 업무 효율 측면에서 효과가 있었다. 또한 조직 내 불필요한 보고 체계를 최소화하고 조직 내 소통 및 정보 공유가 강화되었으며 직원들의 '워라밸' 확대에도 기여했다. 애자일 조직은 변화가 일상으로 자리한 이 시대에 대응하기 위한 빠뜨릴 수 없는 조직적 대안이라는 것이 입증되었다.[28]

:: 마무리 – 뷰카(VUCA) 환경에서 성공하는 조직

비즈니스 환경의 큰 변화에 대응하기 위해 조직의 구조, 역량, 문화의 재검토와 변화는 불가피해 보인다. 빠르게 변화하는 환경에서 그만큼 변화하지 않는 조직은 멸종될 수 있다. 이제 조직은 상황에 맞게 우선순위를 정하여 효율적인 조직 구조와 역량을 만들어가야 한다.

뷰카VUCA 시대에 필요한 조직 내부 환경에 대해, 『급진적 혁신의 새로운 과학The New Science of Radical Innovation』의 저자 서니 자일스Sunnie Giles 박사도 "뷰카VUCA는 새로운 환경을 성공적으로 다루는 데 필요한 리더십을 특징짓는 새로운 개념이다"라고 이야기하며 다음과 같은 것들을 조직이 이행해야 한다고 제안한다.

- 조직을 계층 조직에서 자율 조직으로 이동: 정보가 가장 신선하고 중요한 말단 팀이나 직원이 의사 결정을 하도록 한다.
- 정보를 보호하는 것에서 정보의 민주화: 직원들이 의사 결정을 하고 의사소통을 마찰 없이 할 수 있도록 권한을 위임하고, 관련자의 입에서 바로 정보를 얻을 수 있도록 하는 것은 가치가 있다.
- 상호작용의 속도를 높인다. 가능한 한 빠르게 상호작용할 수 있도록 조장하라. 뷰카VUCA 시대에는 완벽함보다 속도이다. 이메일의 답변이나 해야 할 일에 대해 빨리 답변할 수 있도록 세팅하라.
- 빠른 결정을 위해 완벽한 분석보다는 간단한 법칙rules을 사용하라.

이러한 것들은 뷰카VUCA에서 살아남을 수 있는 회사로 변화하기 위해 할 수 있는 것들이다. 이것은 해야 할 것의 전부가 아니고 일부이며, 아무것도 하지 않고 기다리는 것보다 이러한 변화를 시작해 봐야 한다고 자일스 박사는 조언하고 있다.

미래를 위한 중요한 스킬

: : 뷰카(VUCA) 시대에 요구되는 역량 - 사고 능력

뷰카^{VUCA} 시대에 주요하게 필요한 역량은 무엇일까? 2016년에 보고된 세계경제포럼^{The World Economic Forum: WEF} 보고서에 의하면 2015년에 중요하게 여겨지는 스킬의 3분의 1(35%)이 2020년까지 바뀔 것이라고 평가되었다. 첨단 로봇 공학, 고급 재료, 생명 공학 등의 영향을 받아 일부 일자리는 사라지고, 다른 일자리는 성장하며, 오늘날 존재하지 않는 일자리는 일상화될 것이다.

그렇다면 2015년에 중요한 스킬과 2020년에 중요한 스킬은 어떻게 바뀔 것인가?

그림 2-3에서 보이는 스킬의 변화를 보면, 2020년에도 지속적으로 유지되고 높게 요구되는 것들은 복잡한 문제 해결, 비판적 사고와 창의성이다. 또한 새로운 업무 성향과 더불어 인력 관리, 다른 사람과의 조정 및 협상도 지속적으로 중요해진다. 아울러 2015년에는 없었던 감성 지능과 인지 유연성이 4차 산업혁명 시대에 새롭게 부각되고 있다.

또한 글로벌 리더십 전망^{Global leadership Forecast} 2014-2015 자료에서는 '변화의 특성과 속도에 대한 예측 및 대응', '명확한 방향과 확실성이 없더라도 결단력 있게 행동', '복잡성, 혼란 및 혼동을 통한 탐색' 그리고 '지속적인 놀라움과 예측 가능성 부족에도 불구하고 효과성을 유지'와

그림 2-3 스킬의 변화: 4차 산업혁명에 성공하기 위한 10대 기술

2015년	2020년
복잡한 문제 해결 (Complex Problem Solving)	1. 복잡한 문제 해결 (Complex Problem Solving)
타인과 조정 (Coordination with Others)	2. 비판적 사고 (Critical Thinking)
인력 관리 (People Management)	3. 창의성 (Creativity)
비판적 사고 (Critical Thinking)	4. 인력 관리 (People Management)
협상 (Negotiation)	5. 타인과 조정 (Coordinating with Others)
품질 관리 (Quaility Control)	6. 감성 지능 (Emotional Intelligence)
서비스 지향 (Service Orientation)	7. 판단과 결정 (Judgment and Decision Making)
판단과 결정 (Judgment and Decision Making)	8. 서비스 지향 (Service Orientation)
적극적 경청 (Active Listening)	9. 협상 (Negotiation)
창의성 (Creativity)	10. 인지 유연성 (Cognitive Flexibility)

자료: WEF(2016).

같은 특성이 뷰카VUCA 시대에 요구된다고 보고했다.[29]

관련하여 다음의 중요한 네 가지 스킬이 필요하다.

- 변화에 대한 관리 및 도입: 이것은 뷰카VUCA 시대에 리더의 자신감에 대한 가장 강력한 예측 변수이다

- 합의와 약속 이행: 이 스킬은 불화와 오해를 없애는 데 매우 중요하다.

- 도전적인 미래 비전을 향해 다른 사람에게 영감을 주기: 다른 사람들이 행동하도록 유발하기 위해서는 먼저 리더들 자신에게 영감을 주어야 한다.

- 여러 세대를 아우르는 리더십: 이것은 다양한 직원의 관점과 동기에도 불구하고 공동의 목적을 형성하는 데 핵심적이다.

그래서 미래를 위한 가장 중요한 여섯 가지 기술은 다음과 같다.

1. 의사소통

2. 리더십

3. 비판적 사고와 문제 해결

4. 변화하는 니즈에 대한 예측 및 서비스

5. 변화하는 니즈의 통합 및 서비스

6. 통합 및 협업

크게 보면, 대부분의 중요한 기술들은 사람과 관련된 스킬과 소프트 스킬이다. 사람과 관련된 것은 의사소통, 인력 관리, 다른 사람과의 조정, 협업 등이고, 소프트 스킬은 문제 해결, 비판적 사고, 의사 결정, 창의성 등 사고에 관련된 것들이다. 사람과 관련된 스킬은 다른 장에서 다루어지기 때문에 여기서는 사고에 관한 스킬을 다루고자 한다.

:: 비판적 사고 - 객관적으로 정보를 분석하고 합당한 결정을 하라

4차 산업혁명 시대에 필요한 스킬들을 보면 비판적 사고, 창의성, 인지 유연성 등 사고와 인지에 관한 것들이 많이 눈에 띈다. 그중에서도 비판적 사고가 강조되고 있는데, 이유는 무엇일까?

뷰카VUCA 시대에는 해결해야 할 문제들이 과거에 비해 복잡하다. 원인 분석조차 분명하지 않을 수 있고, 문제를 해결할 정보도 뚜렷하거나 충분하지 않으며, 결과가 예측되는 솔루션을 찾기가 쉽지 않다. 그렇지만 이러한 불확실성하에서도 의사 결정은 이루어져야 한다.

분명한 것은 과거의 방식으로는 문제를 해결할 수가 없다는 것이다. 문제가 발생하는 상황과 문제 자체의 성격이 달라졌기 때문에 과거의 방식은 도움이 되지 않는다. 과거의 방식은 오히려 문제를 지연시키거나 더 크게 만들 수 있다. 그러면 어떤 방식을 사용해야 할까? 새로운 방식은 더 민첩하고, 더 협력하는 방법이면서 기술을 활용하는 방법이 되어야 할 것이다. 역량 측면에서 본다면 기본적으로 필요한 것이 비즈니스에 대한 감각과 새로운 사고방식이다.

비즈니스에 대한 감각에 대해서는, 이제 전 조직 구성원은 비즈니스를 잘 이해하고 있어야 한다. 그래야 다 함께 당면한 문제를 해결하고 성과를 만들어갈 수 있다. 그렇지 않으면 적절한 역할 수행이 어렵고, 미래 지향적이며 가치를 높이는 서비스나 생산성을 만들어갈 수가 없다.

문제를 보는 시각과 해결을 하는 사고도 새로운 방식으로 바뀌어야 한다. 전략적인 차원에서 문제 해결과 의사 결정을 함에 있어 비판적 사고가 필요하다. 변화에 신속하고 효과적으로 대처하기 위한 유연한 지적 능력, 그리고 문제를 해결하기 위해 다양한 지식의 원천을 분석하고 통합하는 능력에 대한 요구가 증가하고 있기 때문이다. 바람직한 비판적 사고는 빠르게 변화하는 비즈니스 환경에서 그러한 사고 능력을 촉진시키는 중요한 역량이다.

1) 비판적 사고의 의미와 이점

비판적 사고의 사전적 의미를 보면, "판단을 형성하기 위한 사실의 분석"이라고 할 수 있다. 비판적 사고 재단The Foundation for Critical Thinking에 서 정의하는 비판적 사고는 "사고를 개선하기 위한 목적으로 분석하고 평가하는 기술"이다. 일본의 글로비스경영대학원에서 집필하고 번역된 『크리티컬 씽킹』에서는 비판적 사고는 한마디로 정보를 객관적으로 분 석하고 합당한 결정을 하는 능력이다. 데이터, 사실, 관찰 가능한 현상 과 연구 자료, 발견들에 대한 평가를 하는 것이고, 정보로부터 합리적인 결론을 도출하고, 유용한 것과 덜 유용한 세부 항목들을 식별하여 문제 해결을 하거나 의사 결정을 하는 것이다.[30]

비판적 사고는 어제오늘의 얘기는 아니며 지난 2500년 동안 발전해 온 개념으로, 플라톤이나 소크라테스 같은 초기 그리스 철학자 시대부 터 많은 논쟁과 사상의 주제가 되어왔다. 생각하는 것은 사람들의 본성 이기 때문이다. 그러나 우리 생각의 많은 부분은 자신에게 맡겨진 채 편 향되고, 왜곡되고, 편파적이고, 무지하고, 혹은 편견에 휩싸여 있다. 우 리의 삶이나 우리가 이루려는 것의 질은 생각의 질에 달려 있고, 무모한 사고는 경제적인 측면이나 보이지 않는 측면에서 많은 비용을 발생시킨 다. 사고의 탁월함은 체계적으로 길러져야 하며, 이것이 비판적 사고를 해야 하는 배경이다.

우리가 비판적 사고를 하면 무엇을 해야 할지, 또는 무엇을 믿어야 할 지를 명확하고 이성적으로 생각할 수 있고, 일반적으로 다음과 같은 일을 할 수 있는 것으로 알려져 있다.

- 아이디어 간의 논리적 연결을 이해
- 논점을 인식, 구성 및 평가
- 추론 시 불일치 및 일반적인 실수를 감지
- 문제를 체계적으로 해결
- 아이디어의 관련성 및 중요성 파악
- 자신의 신념과 가치관의 정당성에 대한 성찰

비판적 사고의 권위자인 리처드 폴Richard Paul과 린다 엘더Linda Elder 박사는 "비판적 사고는 한마디로 자기주도적, 자기수양적, 자기감시적, 자기수정적 사고이다. 그것은 탁월함과 그 사용에 대한 사려 깊은 통솔력의 엄격한 기준에 동의하는 것을 전제로 한다. 그것은 효과적인 의사소통과 문제 해결 능력과 우리의 토착적인 자기중심주의와 사회주의를 극복하기 위한 헌신을 수반한다"라고 했다.

그러므로 비판적 사고를 하면 다음의 이점을 얻을 수 있다.[31]

- 더 나은 이성적인 결정을 할 수 있다. 비판적 사고를 통해 복잡한 문제를 보다 쉽게 분석하고, 편견과 오류의 함정을 피할 수 있다.
- 문제 해결 기술이 개발되어 복잡한 문제를 손쉽게 분석한다. 설득력 있는 커뮤니케이션을 할 수 있다. 즉 논리적이고 설득력 있는 주장을

할 수 있다.

- 팀 관리를 개선할 수 있다. 감정과 논리를 구별할 수 있고, 문제를 효과적으로 파악하고 해결하며, 건전한 추론에 기반한 성과를 만들도록 도와준다.

- 생산적인 회의를 가능하게 한다. 보다 명확하고 깊이 있는 사고방식으로 인해 회의 및 토론에서 더 명확하고 목적에 적합한 집중을 할 수 있다.

- 미사여구에 면역이 된다. 미사여구를 이해하고 비합리적인 호소나 감정과는 다른 좋은 추론을 인식할 수 있다.

2) 비판적 사고의 프레임워크와 단계

그러면 제대로 된 비판적 사고는 어떻게 할 수 있을까? 리처드 폴Richard Paul과 린다 엘더Linda Elder 박사는, 비판적 사고를 "사상가가 사고에 내재된 구조들을 능숙하게 처리하고 그들에게 지적 기준을 부과함으로써 사고의 질을 향상시키는 사고방식이다"라고 했다. 비판적 사고 과정은 세 가지 주요 단계에 기초한다. 즉 합리적인 지식을 쌓기 위해 문제를 관찰하고, 데이터를 분석하고 평가하기 위해 질문을 하고, 문제의 해결책으로 공식화될 수 있는 질문에 대한 답을 찾는 것이다.

여러 가지 프레임워크들이 소개되고 있으며, 간단한 비판적 사고의 과정을 소개하면 다음과 같다.[32]

첫 번째 단계는 지식이다. 비슷한 도전을 극복한 경험을 되돌아볼 필요가 있다. 충동적인 행동을 하지 말고, 원하는 결과를 이끌어낼 가장 효과적인 전략을 결정하기 위해 당신이 과거에 어떤 문제들을 어떻게 해결했는지 되돌아보라. 이에 대해 도움이 되는 질문은 다음과 같다.

- 과거에 해결했던 방법이 왜 나에게 효과가 있었는가?
- 이러한 요인들이 나의 현재 상황에 해결 방안이 될 수 있는 이유는 무엇인가? 이를 어떻게 이용할 수 있나?
- 과거 경험을 사용하여 문제를 해결할 수 있는 구체적인 방법은 무엇인가?

두 번째 단계는 인식이다. 인식 과정은, 첫 번째 단계에서의 과거에 대한 통찰력을 통해 현재의 도전에 대한 포괄적인 이해를 확립하는 것이다. 직면하고 있는 장애물을 예상하고, 구별하고, 기록하고, 해석하는 과정에서 비판적 사고를 채택할 수 있다. 더 좋은 것은 다른 관점에서 그것을 보는 것이다. 인식은 비판적 사고주의자들이 진리와 관점, 원인과 결과, 의견과 추측을 구분하게 한다.

이 두 번째 단계를 위한 질문의 예는 다음과 같다.

- 현재 상황은 어떠한가?
- 이 상황을 어느 관점에서 관찰해야 하는가?
- 과제에 대한 이해도를 바탕으로 어떻게 관리할 것인가?

세 번째 단계는 적용이다. 도전을 극복하기 위한 모든 가상의 해결책을 고려해 보라. 이는 당신이 첫 번째 단계와 두 번째 단계에서 얻은 지식과 통찰력을 사용함으로써 이루어질 수 있다. 어떤 행동을 취하기 전에 다른 방법을 탐구하지 않고 마음속에 떠오르는 첫 번째 해결책에 안주하지 말아야 함을 기억하라. 중요한 것은 가능성possibility이 아니라 개연성probability이다. 열린 마음을 유지하고, 다른 해결책을 얻기 위해 여러 경로를 준비하는 것이 중요하다.

이 세 번째 단계를 위한 질문의 예는 다음과 같다.

- 성공 가능성을 높이기 위해 고려해야 할 옵션은 무엇인가?
- 특정 조치를 취할 경우 예상되는 결과는?
- 가장 이상적인 결과를 얻기 위해 고려해야 할 대안은 무엇인가?

네 번째 단계는 분석이다. 이 부분은 중요한 분석을 위해 그것들을 모두 합치는 부분이다. 지금까지 얻은 모든 정보와 통찰력으로, 당신은 각 행동 방침의 효과와 최악의 시나리오도 예측할 수 있을 것이다.

이 네 번째 단계를 위한 질문의 예는 다음과 같다.

- 이것이 어떻게 관련이 있는가?
- 이들 간의 관계는 무엇인가?
- 이들 간에 어떤 구분이 가능한가?

- 이를 통해 정당화될 수 있는 다른 가능성은 무엇인가?

다섯 번째 단계는 평가이다. 비판적 사고의 마지막 단계에서 당신이 제기한 해결책의 타당성을 재확인하는 과정이다. 자신의 질문에 대한 잠재적인 답을 결정하는 조건들을 만드는 것이다.

이 다섯 번째 단계를 위한 질문의 예는 다음과 같다.

- 실제 결과에 대해 얼마나 확신하는가?
- 만약 …한다면 어떤 종류의 해결안을 가질 수 있는가?
- 그것으로부터 내가 얻을 수 있는 새로운 성장은 무엇이겠는가?

3) 비판적 사고의 향상

비판적 사고는 단지 논리적 사고뿐만 아니라 객관적 사고와 커뮤니케이션 상대에 대한 마음 자세가 모두 중요하다고 전문가들은 얘기한다. 비판적 사고 능력은 연습할 수 있고 시간이 지나면서 발전될 수 있다. 방법은 앞서 설명한 비판적 사고의 프레임워크나 단계를 거치면서 문제 인식, 조사, 편견 식별, 추론, 관련성을 결정하는 능력 같은 것을 키워두면 비판적 사고를 하는 데 도움이 될 것이다. 또한 업무 일상에서 시도해 볼 수 있는 것들도 있다.

매킨지앤드컴퍼니McKinsey & Company의 전 파트너인 헬렌 리 부이그Helen Lee Bouygues는 자신의 경험과 연구자들의 의견을 바탕으로 비판적 사고

능력을 향상시키기 위해 할 수 있는 세 가지를 제안한다.[33]

1. 가정에 대한 질문: 우리가 가지고 있는 가정이나 추측에 대해 의문을 제기하는 것이다. 다음과 같은 질문을 할 수 있다. 만약 우리의 고객들이 바뀐다면? 만약 우리 공급자들이 사업을 중단한다면? 이런 종류의 질문들은 당신이 비판적 사고를 연마하는 데 도움이 되는 새롭고 중요한 관점을 얻도록 도와준다.

2. 논리를 통한 연역: 조직에서 특정한 논리에 의해 만들어진 논리의 '체인'에 주의하며, 스스로에게 질문한다. 그 주장은 모든 점에서 증거에 의해 뒷받침되고 있는가? 모든 증거들이 타당한 결론을 내기 위해 일관되어 있는가?

3. 사고의 다양화: 어떤 이유로든 나와 비슷한 사람들과 함께 있을 때 다른 관점을 추구하려고 노력한다. 다른 부서 사람들과 친하게 지내기, 상사와 점심을 먹었다면 후배들과 야구 경기 보러 가기 등 다양한 사람들과의 상호작용을 많이 한다.

:: 디자인 씽킹 ─ 고객의 관점으로 복잡하고 모호한 문제를 해결하라

또 하나 부각되고 있는 사고방식이 디자인 씽킹이다. 현대 산업에서 디자인이 차지하는 비중이 크다는 것은 많이 인지되어 있다. 이것을 특히 강조한 애플의 전 CEO 스티브 잡스Steve Jobs는 디자인보다 중요한 것

은 없다고 생각하며, '디자인은 인간 창조물의 근본적인 영혼이며, 제품이나 서비스라는 외양으로 표출되는 영혼이다'라고 이야기했다. 그런데 제품의 외양에만 적용되던 디자인이 비즈니스의 여러 영역에 반영이 되고 있는데, 이것이 바로 '디자인 씽킹Design Thinking'이다.

'디자인 씽킹'은 디자이너처럼 사고하는 것을 말한다. 세계적인 디자인 컨설팅 기업인 IDEO의 CEO 팀 브라운Tim Brown은 "디자인 씽킹이란 기술적으로 실현 가능한 것과 실행 가능한 비즈니스 전략을 고객 가치와 시장의 기회로 바꾸는 것에 대한 사람들의 요구를 충족시키기 위해 디자이너의 감수성과 방법들을 사용하는 훈련법이다"라고 정확하게 기술했다.[34]

디자인 씽킹은 복잡하거나 모호한 문제를 논리추론적으로 해결해 나가는 접근법이다. 즉 명확하게 정의되지 않은 사용자의 문제와 니즈를 이해하고, 이것을 해결할 수 있는 방안을 찾기 위해 인간 및 사용자에 대한 깊은 공감적인 태도를 갖는 것이다. 제품이나 서비스뿐만 아니라 비즈니스 전반의 다양한 문제 해결을 위해 적용할 수 있는 사용자 중심의 혁신 프로세스이다. 디자인 씽킹은 문제 해결을 위한 방법뿐만 아니라 사고와 일하는 방식에도 활용이 될 수 있다.

다양하고 새로운 기술들의 변화 속도와 더불어 고객 니즈의 변화 속도도 빠르고 다양하게 전개되고 있으며, 우리는 이러한 고객의 높은 기대수준을 맞춰야 하는 비즈니스 상황이다. 이러한 고객의 요구사항에 대해 진정성 있는 이해와 공감을 바탕으로 문제에 접근하고, 혁신적인 과정을 통하여 해결하는 프로세스인 디자인 씽킹은 뷰카^{VUCA} 현상이 많이 나타나는 4차 산업혁명 시대에 적합한 문제해결 방식이다.

1) 디자인 씽킹의 특징

우리가 불확실성에 직면했을 때 디자인 씽킹은 복잡성을 이해하고 혁신을 추구하기 위한 구조화된 프레임워크를 제공하며, 다음과 같은 특징이 있다.[35]

- 통합적인 사고방식이다. 캐나다 토론토 대학의 로저 마틴^{Roger Martin} 교수는 "디자인 씽킹이 직관적 사고나 분석적 사고의 한쪽이 아니라 이에 대해 통합적으로 접근하는 사고방법"이라고 했다. 훌륭한 사고 방식은 어느 하나를 편향적으로 선택하는 것이 아니라 두 가지 모두를 받아들여 역동적으로 상호작용하여 균형을 유지하는 것이다. 분석적 사고를 통해 '신뢰성'을 얻을 수 있고 직관적 사고를 통해서는 '타당성'을 얻을 수 있어 사고가 다음 단계로 발전할 수 있게 한다.
- 사용자와의 공감을 이끌어낸다. 디자인 씽킹은 미래의 사용자와 공감^{empathy}하는 것에서 시작된다. 사용자가 무엇을 원하는지, 그들의 생활에 무엇이 필요한지, 또 그들이 어떤 점을 좋아하고 싫어하는지 등을 속속들이 듣고, 느끼고, 이해한 바를 원동력으로 삼아 행하는 혁신이 디자인 씽킹인 것이다. 즉 디자인 씽킹이란 인간 중심 디자인 방법론이라 정의할 수 있다. 이를 위해서는 공감을 하고 문제의 맥락

에 접근하려는 능력, 예술과 기술을 결합하여 통찰을 만들어내는 창조력, 그리고 복잡성을 조화롭게 하는 문제 해결 능력이 필요하다.

• 분산과 수렴 단계를 거친다. 디자인 씽킹은 수렴(집중적 사고)과 분산(확산적 사고)의 두 단계로 나뉜다. 수렴은 문제에 대해 최선의 해결 방안을 구하는 것이고, 분산은 하나의 주제에 대해서 다양한 아이디어를 만드는 것이다. 창의적인 결과를 얻기 위해서는 분산적 사고가 필수적인데 질문을 다각도로 해석하는 방법을 제시하여 하나의 문제에 대해서도 다양한 답을 생각해 볼 수 있는 능력을 키워주고, 수평적 사고를 확장해 준다. 디자인 씽킹에 수렴과 분산, 즉 집중적 사고와 확산적 사고가 함께 적용되는 방식으로 '다이아몬드'라는 방식이 있다. 처음에는 브레인스토밍 등을 통하여 생각을 다양하게 확장하여 여러 개의 선택지를 만든 후, 현실적인 제약 사항을 고려하여 선택지 중에 하나를 선택한 이후에 이를 다듬어 나가는 것이다. 이러한 방식은 디자이너들의 평소 작업 방식(다양한 시안을 준비한 뒤, 선정된 시안을 계속 다듬어 나가는 방식)과 일치한다. 결국 디자인 씽킹이란 분산적 사고를 통해 실현 가능한, 심지어 불가능한 경우까지도 포함하여 다양한 해결 방안을 만든 다음, 수렴적 사고를 통해 최선의 해결 방안을 찾아내는 과정이다.

2) 디자인 씽킹의 활용과 이점

오늘날 세계에서 디자인 씽킹이 중요한 이유는 최근 몇십 년 동안 전반적인 환경과 기술이 빠르게 변화하고 세계가 점점 더 상호 연결되고 복잡해지고 있기 때문이다. 디자인 씽킹은 이 모든 변화에 좀 더 인간 중심적인 방식으로 고민할 수 있는 수단을 제공한다. 또한 디자인 씽킹을 사용하여 정의되지 않거나 알려지지 않은 문제를 해결할 수 있는데, 우리가 상자 밖에서 생각할 수 있는 수단을 제공하고 문제 해결의 본질에 좀 더 깊이 파고들 수 있게 해준다.

그래서 에어비앤비, 나이키, 펩시, 구글, 애플과 같은 가장 성공적인 회사들은 모두 디자인 씽킹을 받아들였다. 이런 회사들은 창의성을 되살리고, 집중 영역을 좁히고, 목표를 명료하게 전달하기 위해 디자인 씽킹을 사용한다. 즉 많은 회사들이 중요한 사업 결정을 내리기 위해 디자인 리더십을 채택하고 있다.

디자인 씽킹이 적용될 수 있는 영역은 제품/서비스/비즈니스 디자인, 리더십, 조직 변화인데, 다음과 같은 비즈니스의 다양한 측면에서 활용될 수 있다.[36]

- 미래를 위한 로드맵 작성: 오늘날의 급변하는 비즈니스 환경에서 미래를 단순하고 명료하게 시각화한다.
- 올바른 문제 식별: 사용자와의 상호작용과 그들의 환경에 대한 깊은 이해를 통해 고객을 위해 해결해야 할 올바른 문제를 찾는다.
- 팀 협업 및 혁신: 사용자에게 더 나은 제품/서비스를 제공하기 위해 브레인스토밍, 상호작용, 그리고 모든 사람이 기여하는 팀 기반 협업

을 강화한다.

- 고객에 대한 깊은 이해: 올바른 솔루션을 구축하기 위해 고객에 대한 깊은 이해를 하고 고객을 위한 문제를 해결한다.

- 경쟁 우위 유지: 혁신적인 해결책을 찾기 위한 구조화된 접근방식을 통해 고객을 위한 더 나은 제품과 서비스를 만들어 경쟁력을 유지한다.

- 더 많은 기회 확보: 혁신을 통해 제품/서비스를 개선함으로써 관련된 모든 사람들에게 좋은 해결책을 만들고 더 많은 기회를 만들어준다.

- 회의에서의 명확성: 모든 사람들과 효과적으로 회의를 운영하여 팀 내에서 시너지를 낼 수 있고 모두가 따를 수 있는 실행 계획을 도출할 수 있다.

- 고객 만족도 향상: 고객이 구매를 하거나 문제를 해결할 때 고객에게 긍정적인 영향을 미칠 수 있는 즐겁고 상호작용적인 고객 점점을 만들 수 있다.

- 제품 및 서비스 출시: 빠른 제품/서비스 출시를 가능하게 하고, 개발 단계에서부터 고객의 요구에 맞추어진 제품 및 서비스가 최대한 많이 채택되게 한다.

- 판매를 위한 고객과의 상호작용: 잠재 고객에게 제공되는 솔루션을 명확하게 설명함으로써 판매 프로세스를 신속하게 처리할 수 있다.

이렇게 디자인 원칙을 전략과 혁신에 적용하면 기술 혁신의 성공률이 획기적으로 향상된다.

디자인경영연구소Design Management Institute와 모티브 전략Motiv Strategies이 작성한 2015년 디자인가치지수Design Value Index에 따르면 디자인을 주도하는 16개 기업의 상장 주식이 S&P 500에 비해 211% 앞선 수익률을 보이고 있다. 이로써 S&P보다 200%가 넘는 결과를 3년 연속 보여주는 것이다.

디자인은 제품과 서비스를 만드는 것 이상의 일이며 시스템, 절차, 프로토콜 및 고객 경험에 적용할 수 있다. 디자인은 선도적인 기업들이 가치를 창출하는 방식을 변화시키고 있다. 혁신의 초점은 엔지니어링 중심에서 디자인 중심, 제품 중심에서 고객 중심, 그리고 마케팅 중심에서 사용자 경험 중심으로 바뀌었다. 점점 더 많은 CEO들에게 디자인 씽킹은 효과적인 전략 개발과 조직적 변화의 핵심이 되고 있다.[37]

3) 디자인 씽킹의 5가지 단계

디자인 씽킹은 특정 상황의 맥락 안에서 고객이나 사용자의 충족되지 않은 요구에 대해 깊은 이해를 하고, 가정에 도전하여 문제를 재정의하고, 프로토타입과 시험을 통해 혁신적인 해결책을 만드는 과정이다. 잘 알려진 스탠퍼드 대학 하소 플래트너 디자인 연구소Hasso Plattner Institute of Design는 디자인 씽킹을 5단계 과정으로 제시하고 있다. 이러한 단계가 항상 순차적인 것은 아니며 비선형적 반복 과정이다. 공감, 정의, 아이디어, 프로토타입 및 테스트의 5단계는 정의가 잘못되었거나 알 수 없는 문제를 해결하고자 할 때 가장 유용하다.

1. 공감하기: 고객의 필요를 이해하라.
2. 문제 정의: 고객 중심적인 방식으로 문제를 재구성하고 정의한다.
3. 아이디어 도출: 아이디어 세션에서 많은 아이디어를 만든다.
4. 프로토타입 제작: 시제품 제작에 있어 실제적인 접근 방식을 채택한다.
5. 해결 방안 테스트: 문제에 대한 프로토타입/솔루션을 개발한다.

부연 설명을 하면 처음 단계인 공감하기는 고객 요구 사항의 조사 단계로, 해결하려는 문제에 대한 공감적 이해를 얻는 것이다. 감정 이입은 디자인 씽킹과 같은 인간 중심의 디자인 과정에서 매우 중요한데, 자신의 가정을 따로 두고 사용자와 그들의 요구에 대한 실질적인 통찰력을 얻을 수 있게 해주기 때문이다. 문제 정의는 수집한 모든 정보를 분석 및 종합하여 파악한 핵심 문제를 정의하는데, 이때에도 고객 중심적인 방식으로 문제를 진술해야 한다. 다음 단계인 아이디어 도출은 핵심 문제에 대해서 독창적인 생각을 하면서 혁신적인 해결을 위한 대안들을 찾는 것이다. 프로토타입 제작은 실험 단계로서 실용적인 버전의 제품/기능/서비스를 만드는 것이다. 마지막 단계인 프로토타입 단계에서 식별된 최상의 해결책을 사용하여 전체 제품을 시험하고 개발한다. 이것은 모델의 마지막 단계이지만 문제를 재정의하는 데 활용되기도 하고 이전 단계로 돌아가 추가적으로 반복, 변경 및 개선 작업을 수행할 수 있다.

:: 직장 내 사례 ─ 디자인 씽킹 적용

N 회사에서 근무할 때 조직의 다양성을 높이기 위한 프로젝트 팀을 이끌었다. 남녀 비율에 있어 불균형이 심한 그룹의 다양성을 높이기 위해 많은 노력을 했는데, 중점을 두었던 그룹이 여성 영업 직원들이었다. 직원들 중에서도 남자가 압도적으로 많았고 30명이나 되는 관리자 중에서도 여성은 단지 한 명뿐이었다. 그래서 여자 영업 직원과 관리자의 비율을 높이는 것이 한 가지 목표가 되었다.

1) 공감하기

영업 조직에서 여성 비율을 높이기 위해 처음에는 여성 직원들의 경력 개발에 중점을 두었다. 왜냐하면 영업에서 2~3년이 지나면 마케팅이나 다른 내근직으로 옮기는 경우가 많았기 때문이다. 그래서 영업 내에서의 경력 개발을 위한 롤모델도 찾아주고, 멘토링 프로그램도 제공하고, 영업 관리자 인재 풀을 만들어서 동기 부여를 하려는 노력을 했다.

그런데 경력 개발 워크숍, 서베이, 멘토링 등을 통해 여성 직원들에 대한 공감을 더 하게 되면서 문제의 보다 근원적인 이유와 대상자들의 니즈를 파악하게 되었다. 즉 여성 영업 직원의 숫자가 줄어드는 원인이 경력 개발 차원이라기보다는 영업에서 일을 하면서 겪는 어려움에서 기인한다는 것을 발견했다.

2) 문제 정의

영업 조직의 여성 직원 숫자가 과거보다 훨씬 줄었고 현재에도 점점 줄어들고 있기 때문에 이것은 풀어야 할 숙제였다. 또한 동종 업계의 타 회사보다 여성 비율이 훨씬 낮은 점과 균형 잡힌 남녀 직원의 구성비를 갖는 회사가 성과나 조직 문화 차원에서 더 긍정적이라는 연구들을 고려할 때 이 문제는 해결할 가치가 있는 것이었다. 또한 다양성을 추구하는 회사의 비전과 목표, 그리고 여자 직원들의 커리어 비전 차원에서도 중요하게 접근해야 할 문제였다.

여러 경로를 통해서 질문하거나 관찰한 정보를 분석해 보니, 영업 팀의 여자 직원들 중 상당수는 커리어에 대한 지원보다 영업에서 현재 하고 있는 일을 잘하고 싶어했다. 그렇게 하기 위해 현실적인 문제들이 해결되기를 기대했다. 즉 임신이나 워킹맘으로서 일을 하는 어려움, 여성 휴가 사용에 대한 불편함, 팀에서 소수자로서의 불이익 등 여러 가지 문제들을 안고 있었다.

3) 아이디어 도출

앞서 정의한 문제를 바탕으로 프로젝트 팀에서는 브레인스토밍을 하여 회사로부터 현실적인 지원이 필요한 여성 직원들에게 무엇을 어떻게 하는 것이 필요할지에 대한 아이디어를 모았다. 여러 가지 다양한 제안을 취합한 후에 정리를 했고, 많은 제안들 중 여성 직원들에게 급한 니즈가 있는 것과 짧은 시간 내에 효과를 볼 수 있으며 비용이 크게 들지 않는 아이디어를 선별했다.

4) 프로토타입 제작

여러 제안들 중 우선순위를 둔 것이 워킹맘의 육아 휴직 사용이었다. 30대 초중반의 여성 직원들의 현실적인 고민이었지만 영업 업무의 특성상 육아 휴직 사용은 쉽지 않았고 당시에는 실제 사례도 거의 없었기 때문이다. 마침 출산을 앞둔 여직원이 나의 멘티였는데, 다른 비영업직의 여직원처럼 3개월의 육아 휴직을 사용하고 싶어했다. 이 직원뿐만 아니라 다른 여자 직원 중에서도 원하는 사람들이 있었기 때문에 파일럿 프로그램을 실시해 보기로 했다. 그래서 그 직원의 육아 휴직 동안 대체할 인력도 구하고, 인수인계도 하고, 동료들의 도움이나 관리자의 지원 같은 구체적인 계획을 만들어서 실행해 보았다.

5) 테스트

출산과 육아 휴직을 사용하고 돌아온 여직원은 아주 만족스러워했고 회사의 배려에 감사했다. 이것이 좋은 선례가 되어 다른 동료 여직원들에게도 가능성을 열어준 것이다. 프로젝트 팀에서는 현실적인 어려움 하에서도 여성 영업 직원들의 육아 휴직 사용을 지원하기 위한 방안을 더욱 강구하기로 했다. 실제 육아 휴직을 사용한 여직원으로부터 피드백을 듣고, 또한 다른 여직원들의 기대를 어떻게 관리해 나갈 것인지를 검토했다. 예를 들면 좀 더 오랜 기간의 육아 휴직을 원하는 경우, 한 팀에서 여러 명이 동시에 육아 휴직을 사용하는 경우 등 다양한 사례를 회사에서 어떻게 관리해 나갈지를 검토했다.

: : 마무리 ─ 미래의 길을 열어주는 사고 능력

래리 라이퍼Larry Leifer 스탠퍼드대 디자인 연구소장 겸 기계공학과 교수는, AI와 빅데이터에 미래가 있다고 믿는 사람들이 많은 것에 대해 "지난 100년간 기술은 자본주의를 위해 조절되어 왔고 기업 경영진에게 '앞으로 AI와 빅데이터 같은 새로운 기술은 필수'라는 아주 큰 착각을 심어줬다. 나 같은 신경과학자들은 본질적으로 잘못된 생각이라고 본다. 빅데이터를 믿지 마라. 인공지능AI도 믿지 마라. AI는 맥락을 이해하지 못한다. 디자인이 그들의 '탈출'을 도와줄 수 있다. 중요한 것은 기술력이 아니라 감정emotion이다. 우리 연구에 따르면 신뢰는 감정적 신호에서 온다. 훌륭한 디자인팀의 조건은 '기술력'이 아니다. 팀워크, 그리고 감정을 표현하는 기술이 더 중요하다"라고 얘기했다.[38]

"미래는 우리가 가는 곳이 아니고 우리가 창조해야 하는 곳이다. 가야 할 길은 보여지지 않으며 만들어져야 하는 것이다. 그리고 그것들을 만들어가는 활동에 의해 그것을 만드는 사람이나 도착지를 변화시킨다." 캘리포니아 대학의 존 샤어John Schaar 교수의 말이다.

오늘날 세상은 점점 뷰카VUCA의 시대로 가고 있고 빠른 속도로 변화하고 있지만 어떻게 해야 할지 알기는 어렵다. 존 샤어가 얘기하는 바와 같이 아무도 알려주지 않은 길을 우리가 만들어서 가야 한다. 변화한 패러다임의 변화를 인식하고 다른 방식의 사고를 하는 것이 어느 때보다 중요하다. 또한 복잡한 문제들을 해결해 나가기 위해 비판적 사고와 디자인 씽킹 같은 사고력을 더욱 개발하고 적용하는 것이 필요하다. 이러한 깊은 사고를 게을리하는 사람들은 경쟁에서 뒤처질 수밖에 없고 당면한 문제 해결과 성과 창출의 답변을 찾기가 더 힘들어질 것이다.

조직의 경쟁 우위를 확보하는 인재 관리

:: 리더와 조직의 고민인 인재 관리

조직이 지속 가능한 경쟁 우위를 확보하는 방법은 바로 핵심 인재 관리에 달려 있다. 현재와 미래의 조직적 성공을 위해 조직이 필요한 역량을 갖춘 인재를 확보하고 관리하는 것이다. 특히 뷰카VUCA 시대에는 성과를 만들어내고 리더십 능력을 가진 인재들이 회사의 목표를 달성할 뿐만 아니라 회사의 명성을 유지시키고 미래 경쟁력을 갖춘 조직으로의 변화를 리드하기 때문에 더욱 중요하다.

그런데 인재 관리는 중요성에 비해 관리가 쉽지 않고 조직의 계속되는 가장 큰 고민거리 중 하나이다. 필요한 인재를 항상 구비한다는 것은 상당한 노력이 필요한데, 안타깝게도 많은 조직의 임원들은 인재 풀을 유지하는 데 비중을 많이 두지 않는 경우가 많다. 이렇게 인재 풀이 약해지면 경쟁력이 약해질 수밖에 없고 시장 우위를 잃게 될 수밖에 없다.

뷰카VUCA 시대의 빠르고 개방되어 즉각적으로 반응을 해야 하는 비즈니스 환경에서 인재 관리는 어떻게 해야 하는가? 현재의 도전과 미래에 다가올 도전에 맞닥뜨릴 인재와 리더는 누구인가? 어떤 역량을 가져야 하는가? 어떻게 선발하고 유지하고 개발할 것인가? 총체적으로 미래를 위한 인재를 어떻게 구축하고 관리해 나갈 것인가?

:: 전략적으로 인재 관리를 하라

인재 관리에 대해서는 계속 강조가 되어왔고, 뷰카VUCA 환경에서도 인재 관리의 필요성은 더욱 강조된다. 중요한 기술을 가진 인재 유지는 비즈니스 성장 달성과 조직의 경쟁 우위를 위해 필수적이다. 그리고 인재를 손실하는 경우에는 많은 비용이 든다. 숙련된 인재들을 대체하기 위한 시장에서의 채용 비용, 새로운 인재를 채용하고 동화시키는 비용, 인재 개발에 들인 투자 손실, 생산성 손실, 판매 기회 상실, 고객 관계 악화 등의 보이지 않는 비용 때문이다. 더군다나 인재는 무한한 자원은 아니기 때문에 최대한으로 관리해야 한다. 즉 인재의 전반적인 관리가 필요한데, 인재 확보, 개발, 유지를 위해 체계적인 노력을 해야 한다. 이제는 어느 조직이든 인재를 효과적으로 관리하기 위해서 인력 관리 부서 외에 부서장과 최고 경영진 모두가 더욱 공유된 책임감을 가져야 한다.

오랫동안 인재 관리를 담당했던 필자의 경험과 뷰카^{VUCA} 시대의 상황을 접목시켜 보았을 때, 다음과 같은 접근이 요구된다고 할 수 있다.

첫째, 비즈니스와 밀접한 연계가 되어 있어야 한다. 예측이 가능한 시대에도 비즈니스에 대한 이해가 필요했지만 뷰카^{VUCA} 시대에는 뛰어난 비즈니스 감각이 필요하다. 영업이나 마케팅뿐만 아니라 비즈니스에 대한 이해가 전사적으로 이루어져야 하고, 그 바탕 위에 비즈니스 성과를 같이 만들어가는 구조가 필요하다. 예측이 어렵고 도전적인 시대이기 때문에 비즈니스 부서이든 지원부서이든 머리를 맞대고 공동의 목표를 위해 지혜를 모아야 할 때이다. 모든 지원 부서가 비즈니스 파트너로서 사업 부서와 밀접하게 일을 하는 체계도 그러한 맥락이다.

둘째, 개인 역량뿐만 아니라 팀 역량, 조직 역량 차원에서 인재 관리가 이루어져야 한다. 그동안 인재 관리는 주로 개인 차원의 관리였고, 개인의 역량이나 커리어 개발 지원을 해왔다. 이제는 구성원 모두가 함께 해결해야 할 문제가 있고, 함께 만들어가야 할 성과가 있다. 그래서 역량 있는 각 개인들의 집합이 아닌 팀, 조직 차원에서 시너지를 만들어갈 인재를 파악하고 인재 관리와 연계를 해야 한다. 인재를 개별적으로 보았을 때와 팀 차원에서 보았을 때는 다른 채용 선택을 할 수도 있다. 비즈니스 계획을 포함한 조직의 방향에 더욱 정렬되는 인재 관리가 되어야 한다.

셋째, 여러 가지 차원에서 다양한 인재가 필요하다. 과거에는 채용을 할 때 조직에 잘 적응할 수 있는 사람, 시키는 일을 잘하는 성실한 인재를 선택했다. 창의적이고 혁신적인 뷰카VUCA 시대에는 서로 비슷한 사람보다는 다양한 생각, 다양한 아이디어, 다양한 해결안을 제시할 수 있는 튀는 인재가 필요하다. 그래서 조직의 전반적인 역량과 시너지를 끌어올려야 한다. 이러한 인재를 영입하기 위해서는 다양성을 이해하고 포용하는 조직의 문화가 뒷받침되어야 한다. 제1장에서 소개한 바와 같이 포용적인 조직 문화를 가진 기업군이 그렇지 못한 기업군에 비해 시장 점유율 및 신규 시장 개척에서 현저한 우위를 보이고 있는 시대이다.

넷째, 뷰카VUCA 시대에 새롭게 요구되는 역량을 갖추는 것이 필요하다. 조직마다 기존에 이미 정리된 역량들이 있다. 예를 들면, 일반적으로 리더십 역량, 부서별 역량, 기능별 업무 역량 같은 것들이다. 또한 인재를 구분하기 위한 선발 기준도 있고, 승진을 위한 요구 사항도 있을 것이다. 이러한 것들은 이제 시대에 맞게 검토되고 갱신이 되어야 한다. 즉 뷰카VUCA 시대에 조직이 갖추어야 할 역량을 다시 정리하고 인재 관리를 포함한 전체 인사 관리 시스템에 반영을 하는 것이 필요하다. 앞서 "미래를 위한 중요한 스킬"에서 소개된 역량은 좋은 참고가 될 것이다.

다섯째, 내부 직원들의 개발이 필요하다. 비즈니스에 중요하게 필요한 역량이나 역할이 있는데, 내부에 적임자가 없다면 외부에서 영입을 할 수밖에 없을 것이다. 이때 고려해야 할 것들이 있다. 커리어 개발을 기대하는 내부 직원의 실망이 있을 수 있다. 그래서 가능한 한 어느 정도 준비된 내부 직원에게 기회를 주는 것이 커리어를 꿈꾸는 많은 직원들에게 동기 부여를 할 수 있고 회사 입장에서도 원원하는 것이다. 또한 외부의 인재를 영입하더라도 내부 구성원들의 협조가 없으면 변화는 어렵고 갈등이 더 많이 생길 수도 있다. 결국 현재 내부의 구성원을 먼저 바꾸고 개발하는 작업이 선행되어야 할 것이다. 직원들은 과거의 경험과 지식에 얽매이지 말고 새로운 환경에 요구되는 역량을 개발해야 한다. 그것은 민첩성일 수도, 창의성일 수도, 새로운 사고력이나 문제 해결 능력이나 팀워크일 수도 있다. 조직의 주어진 상황에 따라 보완하거나 또는 더 강하게 필요한 역량을 정의하고, 어떻게 개발을 도와줄 것인지를 논의하고 실천하는 것이 필요하다.

여섯째, 성장 방법을 전환해야 한다. 조직에서 효과적인 성장은 어떻게 이루어질 수 있는가? 여기에 대한 답을 리더십 분야의 세계 최고 전문 기관인 CCL^{Center for Creative Leadership}에서 주고 있다. 바로 '70:20:10의 법칙'이다. CCL의 연구 결과에 따르면, 사람이 성장하는 데 가장 결정적인 영향을 미치는 것은 바로 '경험'이라고 한다. 수많은 CEO와 임원들은 그동안 자신이 해왔던 다양한 일의 경험이 현재의 모습으로 성장하는 데 가장 중요한 영향을 미쳤다고 응답했다. 그중에서도 특히 '도전적인 직무 경험'이 중요하며, 이것이 약 70% 이상의 영향을 차지했다고 한다. 기존에 해보지 않았던 일, 본인이 생각했던 것보다 더 높고 도전적인 목표로 수행한 일, 심지어 실패한 경험 등이 본인을 강하게 하고 리더로 성장하는 데 중요한 영향을 미쳤다는 것이다.

그렇다면 20은 무엇일까? 그것은 그 경험 속에서 만난 '사람'을 통한 영향 및 변화라고 지목하고 있다. 다양한 경험을 가진 상사 또는 동료 등을 통해 배우고 성장의 기회를 가질 수 있었다는 것이다. 특히 엄격하고 높은 목표를 까다롭게 요구하며 때로는 자신을 힘들게 했던 상사가 오히려 시간이 지나고 나니 자신의 성장에 긍정적인 역할을 했다고 고백한다. 그리고 마지막 남은 10은 바로 교육 훈련을 통한 성장이다. 도전적인 직무 경험과 다른 사람을 통해 얻은 지식과 경험이 구조화된 연수 과정을 통해 체계적으로 학습하고 정리한 것이 지금의 전문성과 성장의 기반이 되었다는 것이다.[39]

마지막 하나는 구성원의 강점을 활용하는 것이다. 조직의 역량을 극대화하기 위해서 팀원들 간의 협력을 높이는 것이다. 즉 개인이 가진 강점은 최대한 발휘하고, 부족한 부분은 다른 사람의 강점으로 보완하면 시너지가 높아질 것이다. 그러므로 일단 개인의 강점이 무엇인지를 잘 이해하고 어떻게 활용할지 계획하는 것이 우선 필요하다.

그런데 조직에서는 그동안 강점보다는 약점에 많이 중점을 두어왔다. 그 결과를 보면, 약한 부분에 대한 계획을 세워서 개인이 노력을 하고 상사도 도와주지만 계속 약한 것으로 남아 있는 경우가 많다. 이것이 강점에 주력해야 하는 이유이다. "당신의 강점 위에 빌딩을 세워라. 단점을 보완하면 보통 사람이 될 수 있지만, 강점을 살리면 위대한 사람이 될 수 있다"라고 피터 드러커Peter Drucker는 말했다. 모든 사람은 재능을 가지고 태어나며 재능에다 투자를 해서 갈고 닦으면 강점이 되는 것이다. 사람들이 강점에 중점을 두면, 삶의 질, 일의 몰입, 생산성, 이익 측면에서 많은 유리한 점이 있다. 성공을 하기 위한 기회는 우리가 타고난 재능을 잘 파악할 때 주어지고, 그것을 갈고 닦으면 강점이 되어 개인 차원이나 조직 차원에서 지속적인 성과를 만들어갈 수 있다.[40]

:: 직장 내 사례 — 조직과 개인 모두를 위한 인재 개발

1) 인재 관리 워크숍

인재 관리는 기본적으로 조직의 관리자와 부서장이 담당을 한다. 그러나 이것은 팀 차원의 관리이고 전체 조직적인 관리가 별도로 필요하다. 그래서 인재 관리 워크숍을 매년 두 번씩 실시했는데, 이때는 모든 부서장이 인재 관리 자료와 비즈니스 계획을 가지고 참석한다. 진행 일정은 가장 먼저 인재 관리의 현 상황에 대해서 공유를 하는 것으로 시작한다. 인재를 구분하는 기준과 몇 가지 카테고리에 의해 높은 잠재력을 가진 직원과 개발이 필요한 직원은 집중적으로 검토를 하고 피드백을 공유한다. 또한 승계 계획도 같이 검토하는데, 이때는 중요한 직책에 대해 관련 부서의 인재만 보는 것이 아니라 조직 전체 차원에서 검토를 하고 퇴사를 할 사람들이나 향후 채용 계획이 있는 사람까지 광범위하게 보면서 의견 교환을 활발히 하게 된다. 서로의 의견에 대한 도전, 피드백, 추가 제안 등을 통해 참석한 부서장들은 회사의 인재를 더욱 이해하고, 인재와 성과, 인재와 미래를 연결하는 아이디어를 많이 가질 수

있다.

두 번째는 현재의 비즈니스 상황과 미래의 방향에 대해 공유를 하고, 비즈니스 성공을 위한 조직적인 역량을 검토한다. 그래서 현재의 조직 역량과 필요한 조직 역량 사이의 간극을 확인하고, 언제 어떻게 메꿀 것인지에 대해 진지한 논의를 한다. 특히 전략적으로 점차 더 필요한 조직 역량이 무엇이며, 현재 조직은 이를 얼마나 보유하고 있는지, 외부에서 확보가 필요할 때 시장에서의 인재 경쟁은 어떠한지 등에 대한 검토를 한다. 이때는 좀 더 광범위하게 인재를 보는 시각이 필요한데, 예를 들면, 현재에는 조직 내에 필요한 역량을 가지고 있는 직원이 없지만 개발이 가능한 것인지, 글로벌 기업인 경우 다른 나라에서 조달하는 것이 가능한지 등 다양한 관점에서의 아이디어를 공유한다.

세 번째로는 인재 개발에 대한 구체적인 계획을 검토한다. 첫 번째와 두 번째 세션에서 논의한 것을 바탕으로 잠재력이 높은 인재의 역량 개발 계획과 커리어 개발 계획을 구체적으로 제안한다. 그리고 회사는 어떻게 개별 직원에 대한 지원을 할 것인지를 논의하는데, 단기적으로 또 장기적으로 어떤 경로와 방법을 통해 개발을 도울 것인지와 어떻게 진척을 확인할 것인지 등 구체적인 내용이 포함된다. 인재 개발 방법으로는 기본적으로 앞서 소개한 70:20:10의 법칙에 기반하여 개인의 개발과 성장을 지원한다.

2) 세분화된 인재 개발 프로그램

이것은 일반적인 교육 프로그램이 아닌 잠재력이 큰 인재들을 대상으로 하는 특별한 프로그램을 의미한다. 예전에는 인재 개발 프로그램이 전체 인재를 대상으로 하는 프로그램들이 많았다. 하지만 인재 개발의 중요성과 직원들의 동기 부여를 위해 각 그룹별 맞춤 개발 프로그램이 제안되었다. 예를 들면, 계층별로 비관리자인 전문가 집단을 위한 프로그램, 주니어 관리자를 위한 프로그램, 경력이 많은 관리자를 위한 프로그램들이 있고, 기능별로도 비즈니스 그룹을 위한 프로그램, 지원 부서를 위한 프로그램, 산업과 관련된 팀을 위한 프로그램들이 각 팀의 니즈와 목적에 맞게 진행되었다. 부서장인 임원들을 위한 프로그램들도 별도로 있는데, 이것도 세분화하여 특정한 목적을 가진 그룹의 프로그램이 별도로 있었다. 예를 들면, 3년 내에 한 단계 높은 커리어를 가지기 위한 여성 임원들의 프로그램이 그러한 예이다. 그리고 사용되는 프로그램들도 과거에는 표본으로 나와 있는 기존의 프로그램을 사용했다면, 이제는 각 그룹을 위한 맞춤 프로그램이 디자인되고, 또한 조직의 실제 비즈니스 사례를 포함한 프로그램들이 소개되었다. 실질적인 비즈니스 사례는 이제 액션 러닝action learning에서뿐만 아니라 모든 교육에 적용이 되었다.

: : 마무리 – 뷰카(VUCA) 시대 인재 관리 접근

　뷰카VUCA 시대 자체에 도전이 많은 것처럼 오늘날 인재 관리 전략을 수립하고 구현하는 것도 어려운 일이다. 조직 외부적으로는 기술의 진보와 많은 변화들이 발생하는 반면, 내부적으로는 이러한 상황을 잘 관리할 숙련된 인력이 부족하고, 강력한 리더십 파이프라인도 충분하지 않다. 또한 젊은 직원들은 경력 개발 기회 등 회사에 대한 기대가 커지고, 기존 세대와 많이 다른 특성을 지닌 밀레니얼들은 점점 늘어나는 한편 기존 직원들은 고령화가 되어가고 있다. 이러한 모든 과제들을 해결하면서 조직의 성공을 만들기 위해 조직은 인재 관리에 어느 때보다 집중하고 노력해야 할 때이다.

　조직의 방향에 정렬된 인력 계획, 효율적이고 적절한 인재 확보, 효과적인 육성과 보상, 비즈니스 환경과 연결된 인력 평가 및 인력 전환, 성과 관리 및 조직 몰입도 관리를 해나가야 한다. 그리고 현재의 인재 관리가 뷰카VUCA 상황에 맞는 시스템인지를 검토해 볼 필요가 있다. 예를 들면, 좀 더 전략적이고 정교한 인력 계획과 예측, 인재를 평가하는 기준의 변화, 급변하는 환경에 맞는 유연성 등의 반영이 필요하지 않은지를 검토하고 반영해야 할 것이다. 그래서 전반적인 인재 관리를 통해 생산성을 높여가고 지속적인 조직의 성공의 틀을 마련해야 한다.

변화된 환경에 적절한 성과 관리 시스템

:: 성과 관리 시스템에서의 변화

획기적인 혁신과 빠른 변화를 하는 비즈니스 환경에서 성과 평가도 하나의 뜨거운 주제이다. 뷰카^{VUCA} 환경에 적절한 성과 관리 시스템은 무엇인가? 기존의 성과 관리 시스템에 어떤 변화가 필요한가? 다음은 새로운 성과 평가 시스템 실험에 나선 글로벌 기업들에 관한 내용이다.[41]

- 제너럴일렉트릭: 2015년에 PD$^{Performance\ Development}$ 시스템 도입. 직원이 자신의 성과에 대해 상사와 의견을 주고받는 모바일 앱 운영.
- 마이크로소프트: 커넥트 미팅을 2013년에 도입하여 연간 최소 두 차례 평가자와 피평가자가 만나 업무 우선순위를 정하고, 약속한 성과를 달성했는지 검토.
- 어도비: 체크인을 2012년에 도입하여 관리자와 직원이 연초에 설정한 목표를 달성했는지 평가. 제출 서류 없음. 매년 인사 평가에 투입했던 8만 시간 절감, 이직률 30% 감소.
- 딜로이트: 성과 스냅샷을 2015년도에 도입. 팀장급 중간 관리자가 매주 직원의 미래 잠재력에 초점을 맞춰 성과를 낼 수 있도록 조언하고 독려.

왜 이러한 성과 평가 시스템에 대한 변화가 일어나고 있는 것일까? 그 이유는 한마디로 전반적인 경영 환경의 변화로 볼 수 있고, 이러한 변화 가운데 기존 성과 평가 시스템이 효과적이지 않다고 보기 때문이다. 세계적인 품질 경영 전문가인 에드워드 데밍W. Edwards Deming은 "상대평가 중심의 성과 관리는 단기적 성과주의, 숫자에 집착한 목표 수립 등으로 장기적으로 조직 내 두려움을 촉발하고, 사내 정치를 조장할 수 있다"라고 지적했다.[42]

몇 가지 환경 변화를 보면 다음과 같다.

- 뷰카VUCA 시대에는 정해진 분배율에 따라 구성원을 배포하는 상대적인 평가보다 개개인의 독창성이 강조되고 있다. 상대평가를 하는 회사들은 분배율에 대한 가이드라인을 가지고 있고, 이 가이드라인에 따라 구성원들을 의무적으로 배포한다. 조직에서 실제로 많은 직원들이 이러한 시스템에 불만을 가지고 있고, 자신만의 기여, 역량, 독창성이 격려되지 않은 상황이다.

- 구성원 개인의 경쟁보다는 협력을 통한 집단 지성으로 성과를 창출해야 하는 시대이다. 미국의 경영 컨설턴트인 리처드 돕스Richard Dobbs는 저서 『범상치 않은 변화No Ordinary Disruption』에서 "기업 경쟁에서 자본이나 노동의 중요성은 점점 퇴색하고, 지적 능력이 핵심 잣대로 떠오르고 있다"며 "기존 현상을 새로운 시각으로 바라볼 수 있는 창의적 직관력이 필요한 시대"라고 말했다.

- 평가보다 코칭과 퍼실리테이션을 통한 구성원의 개발이 더욱 효과적이다. 재니스 셈퍼Janice Semper GE 조직문화혁신팀 총괄부사장은 2019년 "피드백 시스템으로 바뀌자 자연스럽게 협업이 늘고 참신한 아이디어를 발굴할 수 있게 됐다"면서 "통상 부하 직원에게 명령하고 평가하던 관리자의 의미도 팀원의 잠재력을 끌어내고 영감을 부여하는 존재로 바뀌었다"라고 말했다.[43]

- 빠르게 변화하는 환경에 좀 더 유연하게 대응하려는 움직임이 반영되고 있다. 비즈니스 환경은 빠르게 변화하는데, 연간 계획을 연초에 세우고, 1년에 한두 번씩만 검토하는 것은 변화에 뒤처지게 만든다. 하루가 멀다 하고 갱신이 되는 상황에서 6개월, 1년 전의 계획도 좀 더 자주 이러한 변화를 반영해야 할 것이다.

- 변화한 경영 환경에서 구성원을 동기 부여하고 관리하는 데 있어 변화가 필요하다. 소프트웨어 업체인 어도비Adobe는 2012년 새롭게 '체크인' 시스템을 도입하면서 고민거리를 해결했다. 해마다 연초에 직원들의 성과를 발표하면 평가 결과에 불만을 가진 많은 구성원들이 다른 기업으로 이직했다. 소프트웨어 기업의 중요한 자산이 인재이기 때문에 높은 이직률은 타격을 줬다. 상대평가를 과감하게 없애고 연중 수시로 관리자와 구성원이 의견을 주고받는 피드백 구조로 바꾸자 연초에 치솟았던 이직률이 약 30% 감소했다. 좋은 인재를 보유하기 위해 수시로 피드백을 받으며 불만 요인을 제거하는 것이 더 중요한 시기가 되었다. 즉 고과가 아닌 직원 관리에 더 초점을 두는 것이다.[44]

:: 기존 시스템의 문제들

성과 평가의 기존 시스템은 제2차 세계대전 이후 1950년대에 나타났고 이것이 수십 년 동안 보편적인 접근 방식이었다. 그러나 지금은 많은 사람들이 싫어하는 시스템이 되었고, 검토의 바람이 불기 시작했다.

세계적인 베스트셀러『프리 에이전트의 시대Free Agent Nation: The Future of Working for Yourself』의 저자인 대니얼 핑크Daniel Pink는 "직장은 현대 생활에서 가장 피드백이 부족한 장소 중 하나이다"라고 했다. 실제적으로 성과 평가는 미국 회사에서는 97%, 세계적으로는 91%의 회사에서 실시되지만 피드백을 주는 것은 연간 평가에서 92%, 연 2회 평가하는 시스템에서 35%이고 분기별 평가에서는 단지 9%이다. 그만큼 피드백을 자주 하지 않는다는 것이다(Bersin, The State of Performance Management, 2013).

2014년 발표된 딜로이트의 조사에 의하면, 조사 대상의 75% 이상이 현재의 일반적인 성과 평가 시스템이 효과적이지 않다고 답변했다. 현재의 일반적인 성과 평가 시스템은 역량을 기본으로 하고, 보상과 연결이 되며, 연간 한 번 또는 두 번의 평가를 실시하는 것인데, 이 시스템이 갈등을 초래하는 메시지를 주고 부담을 주는 프로세스라는 것이다.

이것은 한국에서도 예외는 아니다. 2017년 대한상공회의소가 대기업과 중견기업 직장인 700명을 대상으로 실시한 「인사 평가 제도에 대한 직장인 인식 조사」에 따르면 직장인 75.1%는 "인사 평가 제도를 신뢰하지 않는다"고 답했다. 인사 평가가 불합리하고 불투명하고 불공정하다는, 이른바 '3불 평가'라는 인식이 팽배해 있었다. 신뢰하지 않는 가장 큰 이유(중복 응답)는 인사 평가가 "사내 정치에 따른 평가"라는 답이 58.8%로 압도적이었다. 이어 "개인 이미지로 평가"(41.2%), "연공 서열"(35.5%), "온정주의적 평가"(27.5%)라는 불만이 많았다.[45]

　이러한 기존 성과 평가 시스템에 대한 불만과 함께 오늘날 많이 실시하고 있는 서열이나 순위에 기초한 성과 관리는 직원들의 몰입을 해치고, 고성과자는 동기 부여가 약해지게 만들고, 매니저들은 아까운 시간을 낭비하게 하고 있다고 본다. 순위 등급을 매기는 것은 기존 성과 프로그램의 가장 큰 불만 중 하나인데, 그 이유는 다음과 같은 점들 때문이다.

- 예외적으로 아주 잘하거나 못하는 성과자가 아닌 경우를 제외하고는 성과의 차이를 구별하기가 쉽지 않다.
- 다른 사람들을 평가하는 데 영향을 주는 많은 개인적인 편견, 선입견, 성향이 반영될 수 있다.
- 조직 차원에서 정해진 강제 배분법처럼 원하는 결과를 얻기 위해 등급을 조정하고 왜곡하려고 한다.
- 과거와는 달리 업무의 범위나 책임이 다양해져서 구성원 간에 성과를 정확히 평가하거나 비교하는 것이 쉽지 않다.
- 평가자가 편향되지 않고 공정하려고 최선을 다하지만, 1년 전체 성과

를 정확히 기억하기가 어렵다. 사람이다 보니 1년 전에 일어난 것보다, 지난달에 일어난 사건에 더 무게를 두게 될 수도 있다.

이것 이외에도 많은 문제점들이 많이 지적되고 있다.

:: 직장 내 사례 – 능력 있고 동기 부여된 직원들로 만들어가는 성과 관리 시스템

게임 소프트웨어 벤처 회사의 관리자를 대상으로 성과 평가 면담 교육을 했다. 공식적으로 1년에 두 번 실시하는 성과 평가 면담은 관리자들에게 그리 편안한 대화는 아니며 효과적인 면담을 하기 위한 스킬이나 요령도 부족한 상태였다. 전반적인 성과 평가 과정과 관리자의 면담 스킬에 대한 교육을 하고 난 이후 담당 임원은 회사의 성과 평가 시스템을 향상시킬 필요를 얘기하면서 도움을 요청했다.

현재 통상적으로 하는 성과 평가 시스템이 현재의 비즈니스 상황이나 직원들의 니즈와 맞지 않다는 것이었다. 비즈니스 성격상 전문가적인 경험과 역량을 가진 인재들이 많고 직원들의 창의성이나 열정을 많이 이끌어내야 하는데 현재 성과 평가 시스템은 너무 형식적이고 행정적이라는 것이다. 관리자는 성과 평가 과정에 대해 해야 하는 하나의 일로 부담을 느끼고, 직원들도 이 과정이 성과를 잘 반영하고 동기 부여가 된다고 보지 않으며, 회사 입장에서도 현재 시스템이 성과를 높여주고 있지 않다는 것이다.

가장 개선하고 싶은 부분에 대해서는 성과 평가를 안 할 수는 없으니 성과 평가를 하는 방법을 좀 더 효과적으로 향상시키자는 것이었다. 효과적인 성과 평가는 관리자와 직원의 성과 평가 수용성을 높이는 것과 연계될 수 있다.

성과 평가의 수용성을 높이기 위한 중요한 방법은 평상시에 관리자와 직원이 자주 대화를 하는 것이다. 즉 업무와 역량에 대한 피드백을 1년에 한두 번 주는 것이 아니라 가능한 한 자주 하는 기회를 가지는 것이다. 평상시에 별다른 피드백이 없다가 연말에 낮은 평가등급을 준다면 서로의 기대가 달라서 불만족이 생길 수밖에 없다. 그래서 평상시 업무 과정에서 잘한 것과 보완할 점에 대해 구체적으로 피드백을 준다면 그런 것들이 쌓여서 평가의 증거도 되고 직원의 수용성도 높아질 것이다. 피드백 주기에 대해서는 1년에 두 번 피드백하는 것을 최소 분기에 한 번씩 하고 가능하면 한 달에 한 번 하는 것도 시도해 보는 것으로 했다.

또 하나의 문제는 많은 조직에서 하는 것과 같이 이 회사에서도 상대평가를 하고 있다는 것이었다. 즉 성과와 역량에 대한 9 box로 직원의 평가를 하는데 직원들 간에 큰 차이 없이 어떤 직원은 box 8(탁월)이고 어떤 직원은 box 5(보통)로 평가된다. 그래서 다른 사람들과의 비교 평가보다 직원 각 개인이 업무 목표를 얼마나 달성했는지, 그리고 역량을 어떻게 개발하고 있는지에 좀 더 중점을 둔다면 수용성이 좀 더 높아질 것으로 보였다. 특히 자기 개발을 중요시하는 밀레니얼이 많은 이 회사에서는 이러한 성과 평가를 본인이 성장하는 데 중요한 기회로 생각할 수 있도록 하는 것이 필요했다. 그렇게 하기 위해 향후 관리자들의 직원 코칭 스킬을 향상시킴으로써 절대 평가의 가능성을 점검해 보기로 했다. 그렇게 한 후 개인에 대한 절대평가를 어떻게 반영할 것인지를 결정하기로 했다.

결국은 성과 평가 과정을 좀 더 잘 관리하고 직원들과의 대화를 어떻게 하느냐가 성과 평가를 좀 더 의미 있게 하고 직원들의 수용성도 높일 수가 있었다. GE처럼 동료 평가를 공식화하는 등 새로운 방법에 대한 얘기들이 있었지만 아직은 회사의 정서상 좀 더 고민이 필요했다. 그래서 일단 위의 두 가지를 노력해 보고 추후 다른 방법들을 더 시도해 보는 것으로 했다.

:: 마무리 ─ 미래를 위한 제안

뷰카VUCA 환경에서도 성과 관리는 중요하다. 문제는 방법이다. 피플펌PeopleFirm 컨설팅 사의 CEO인 탐라 챈들러M. Tamra Chandler는 다음과 같은 8가지 근본적인 변화를 제안한다.[46]

1. 문을 열어라: '알 필요가 있다'에서 투명성, 즉 개방적이고 진실된 대화로의 변화

2. 주도권을 주어라: 관리자 주도에서 직원에게 권한 이양

3. 초점을 바꿔라: 과거의 성과에서 미래의 능력으로 변화

4. 획일성을 포기하라: 하나의 잣대를 모든 사람에게 적용한 것에서 개

　 개인에 맞추고 차이를 만드는 것으로 변화

5. 대화에 좀 더 많은 목소리가 나오는 것을 환영한다: 선택된 소수에

　 서 다양한 의견과 풍부한 대화로의 변화

6. 감시하기를 그만두고, 권한 위임을 해라: 통제 및 감독하는 것으로

　 부터 예외적으로만 관리

7. 협업을 장려하라: 개별 측정지표에서 공유된 헌신으로의 변화

8. 보상으로 현실화하라: 성과에 대한 지불에서 능력에 대한 지불과 기

　 여에 대한 보상으로

　성과 평가는 조직의 인사 관리에서 중요한 영역이며, 이와 관련된 변화는 조직 전체에 영향을 미칠 것이다. 성과 평가 시스템의 변화는 혁신을 위한 혁신이 아니라 조직의 요구를 충족하기 위한 변화로 이끌어야 한다. 각 조직의 현재의 상태와 가고자 하는 방향은 모두 다를 수 있고, 그러한 니즈에 맞는 변화가 제안되어야 한다. 즉 전면적인 변화일 수도 있고, 핵심 요소들의 변화일 수도 있다. 성과 시스템의 어떤 요소들의 변화가 조직 전반에 긍정적인 영향을 줄 것인지를 판단한 후 성과 평가 시스템에 반영하는 것이 필요하다.

뷰카(VUCA) 시대에 중요한 역량을 갖춰라

:: 지능이나 교육보다 학습 능력

　근래 애자일^{Agile}이란 용어를 부쩍 많이 사용하고 있다. 애자일 조직, 애자일 비즈니스, 애자일 전략, 애자일 의사 결정, 애자일 기업 문화, 애자일 코치 등등. 애자일은 '민첩한, 날렵한'의 의미로 뷰카^{VUCA} 시대에 필요한 일하는 방식이라고 할 수 있다.

　앞으로 뷰카^{VUCA} 세상은 더욱 심화될 것이고, 이렇게 빨리 변화하고 복잡하며 예측이 쉽지 않으니 그때그때 상황에 민첩하게 대응을 하는 것이 가장 필요할 수 있다.

　경영 환경이 과거와는 전혀 다른 맥락이고 다른 가치를 요구하고 있기 때문에 우리의 접근도 바뀌어야 한다. 경험으로부터 학습하고 새로운 변화에 빠르게 대응할 수 있는 역량으로서, '학습 민첩성'이 핵심 역량으로 주목받고 있다. "우리는 학습 능력이 지능과 교육보다 1위라는 것을 발견했다!" 전 구글 수석 부사장인 라즐로 복Laszlo Bock의 얘기이다. 많은 연구는 우리가 더 이상 스킬이나 경험에 중점을 두어서는 안 된다고 알려주며, 학습 민첩성이 성공의 중요한 예측 변수가 될 것이고 지적 능력이나 교육을 앞서는 중요한 것임을 발견했다.

민첩성은 여러 경로를 통해 강조되었다. 세계경제포럼WEF의 조사에 의하면, 4차 산업혁명 시대에 새롭게 부각되는 대표적인 스킬이 인지적 유연성cognitive flexibility이다. 2015년에 강조된 스킬에서는 없었던 인지적 유연성이 2020년을 위한 10개의 주요한 스킬 중 하나로 규정되었다. 멘탈 헬스 데일리Mental Health Daily에서 정의하는 인지적 유연성은 '자극의 요구에 대한 적응으로서 자신의 생각, 인식, 혹은 사고력을 전환하는 능력'이다. 한마디로 생각하는 방식을 새로운 상황에 맞추는 능력이다.

인지적 유연성은 한 개념에 대한 사고에서 다른 개념으로 전환하는 뇌의 능력을 말한다. 생각을 한 차원에서 다른 차원으로 빨리 바꾸거나 변경할 수 있을수록 인지적 유연성 수준이 높아진다. 인지적 유연성의 예를 들면, 사람들이 외국으로 이주하는 것, 직장에서 예상치 못한 요구들, 또는 계획의 막판 변경과 같은 새로운 상황에 적응하도록 돕는 것이다. 인지적 유연성의 여러 측면을 보면 다음과 같다.[47]

- 생각의 흐름이나 주의를 전환: 여러 개념들 사이에서 생각을 바꾸는 능력

- 믿음과 인식의 갱신: 새로운 정보나 자극에 대한 적응으로서 인지적 기능을 갱신하는 것

- 다면적인 관측: 복수의 관찰 요소를 동시에 고려하는 것

- 생각을 해체하는 것: 복잡한 생각이나 문제를 작은 덩어리로 분해하여 해결하는 노력

- 확장된 인식: 특정 시나리오에서 가능한 모든 선택과 대안을 의식적으로 인식하는 능력

이와 같은 인지적 유연성이 바로 민첩성이다. 조직심리학자인 데이비드 스미스David Smith 박사는 뷰카VUCA 세상에 가장 잘 맞는 개인의 유형이 '학습 민첩성'이 뛰어난 사람이라고 말한다. 학습 민첩성이 있는 사람들은 새로운 경험과 기회에 유연하고 잘 적응하며 그러한 것들을 좋아하는 사람들이다. 배우고 새로운 아이디어의 가치를 인정하는 것에 빠르다. 그런 개인들을 인식하기 위해 컬럼비아 대학의 워너 버크Warner Burke 박사는 학습 민첩성에 기여하는 9가지 행동을 규정했다.[48]

1. 유연성: 새로운 경험에 개방되고 새로운 솔루션을 제안
2. 속도: 새로운 아이디어를 신속하게 파악하여 작동하지 않는 아이디어는 폐기하고 다른 가능성은 가속화시킴

3. 실험: 무엇이 효과적인지 결정하기 위해 새로운 행동을 시도

4. 성과 위험 감수: 도전받을 기회를 제공하는 새로운 활동을 모색

5. 대인 관계 위험 감수: 학습과 변화를 이끄는 방식에 있어 사람들과의 다른 점에 직면

6. 협업: 독특한 학습 기회를 창출하는 다른 사람과 함께 작업할 수 있는 방법 모색

7. 정보 수집: 자신의 전문 분야에서 최신 상태를 유지하기 위해 다양한 방법 사용

8. 피드백 탐색: 자신의 아이디어와 전반적인 성과에 대한 피드백을 다른 사람에게 요청

9. 성찰: 더 효과적이기 위해 여유 있게 자신의 성과를 평가

새로운 체계를 요구하는 뷰카VUCA 시대에 살아남으려면 우리는 기존의 것을 파괴하거나 파괴할 준비가 되어 있어야 한다. 이것은 새로운 환경을 받아들이는 유연성과 적응 능력을 요구하며 변화의 시기에 우리는 그 어느 때보다 민첩하게 행동할 필요가 있다. 새로운 비즈니스 전략에 적응해야 하고, 조직 내 문화에 대해서도 일을 해야 하며, 새로운 과제도 수행하는 등 많은 새로운 것들을 처리하려면 유연하고 민첩해야 한다.

: : 개인과 조직 차원의 민첩성을 키워라

학습 민첩성 개념은 CCL^{Center for Creative Leadership}에서 1980년대 말에 효과적인 리더십 특성을 밝히기 위해 진행된 두 가지 연구에 기원을 두고 있다. 첫 번째 연구의 중요한 발견 중 하나는 사람들이 경험으로부터 배우는 능력에 있어서 현저한 차이를 보인다는 것이다. 학습과 발전은 안락한 지대, 습관과 일상으로부터 벗어나서 위험을 감수하고 실질적인 결과를 가져오는 것인데, 회복력이 있고 방어적이지 않고 성장에 대한 강한 욕구를 가져야 한다. 그래서 경험으로부터 배우려는 의지와 능력이 바로 잠재력이 있는 인재와 다른 사람들을 구분한다는 것이다.

또 하나의 연구에서는 성공한 임원들과 실각한 임원들을 비교해 보았는데, 실각한 임원들은 변화하거나 적응하기를 꺼린다는 것이 일관되게 도출된 실각 요인이었다. 실각한 임원들은 좁은 작업 기술에 의존했고 고난과 실수를 관리하는 방식이 달랐다. 즉 성공한 임원들이 침착하고 우아하게 실패를 처리하는 반면, 실각한 임원들은 실패에 대해 방어적인 태도를 취했고 해결하는 동안 그것을 은폐하려고 시도하거나 다른 사람들을 비난하는 경향이 있었다. 성공의 길로 계속 나아가기 위해서는 리더들이 변화하고 적응할 필요가 있다는 것을 보여준다.

이와 같은 연구를 토대로 롬바르도^{Robert W. Lombardo}와 아이킨거^{Michael M. Eichinger}는 개인이 가진 잠재력을 평가하고 높은 잠재력의 인재를 선발하기 위한 목적으로 학습민첩성 개념을 제시한다. 그들이 소개한 학습 민첩성의 정의는 '경험으로부터의 학습 능력과 의지이며, 그 결과 새롭거나 처음 직면하는 상황에서도 학습한 것을 빠르고 유연하게 실천하고 적용할 수 있는 능력'이다. 이러한 관점에 따르면, 학습 민첩성이 높은 개인은 경험으로부터 '올바른 교훈'을 배우고, 그러한 교훈을 새로운 상황에 적용한다. 학습 민첩성이 높은 사람들은 지속적으로 새로운 도전을 찾고 성장하고 발전하기 위해 다른 사람들로부터 피드백을 적극적으로 추구하며, 자아 성찰을 하는 경향이 있으며, 자신의 경험을 평가하고 실질적인 결론을 도출한다.[49]

오늘날 조직은 과거 그 어느 때보다 학습 의지와 개방성을 갖춘 사람, 복잡한 전략을 유연하게 실행할 수 있는 잠재성이 큰 인재를 필요로 한다. 특히 글로벌 경쟁 환경에서 업무를 주도할 인재는 경험으로부터의 학습 능력이 더욱더 중요하게 인식되면서 핵심 인재를 판단 및 예측할 수 있는 지표로서 '학습 민첩성'이 중요해지고 있다. 과거에 우리는 과거의 성과와 보여준 스킬과 능력을 바탕으로 개인의 미래의 성공 가능성을 예측했다. 그러나 한 단계에서 효과적인 행동들이 다음 단계에서 반드시 성공으로 이어지지는 않는다는 여러 연구들이 있다. 더군다나 불확실성과 변동이 큰 환경에서는 리더들이 끊임없이 적응해야 한다. 실제 기업리더십연구회Corporate Leadership Council의 연구에서는 현재 고성과를 창출하고 있는 사람의 약 70%는 더 이상 미래의 핵심 인재가 아니라는 것을 실증적으로 보여주고 있다. 지금까지의 스킬, 관점, 아이디어는 접어두고 새로운 것을 배우고 개발하는 것으로 우리의 초점이 바뀌

어야 함을 얘기해 주고 있다.[50]

실제로 '학습 민첩성은 우리에게 여러 가지 이점을 가져다준다'는 연구들이 많이 있다. 학습 민첩성이 높은 사람은 조직 성과에 많이 기여할 뿐만 아니라 미래의 핵심 리더로서 성장할 가능성이 훨씬 높다는 것을 보여준다. 학습 민첩성과 같이 미래 잠재성이 높은 사람이 당연히 승진 가능성이 높고, 실제 임금도 더 높다. 또한 그동안 미래 성과와 중요한 상관관계가 있다고 알려진 지능, 인지력, 스타일보다 학습 민첩성이 리더로 성장하는 데 더 강력하고 일관성 있는 예측력을 보여주고 있다.

바이어엣지viaEDGE 사의 「학습 민첩성 측정에 대한 평가Assessment for Measuring Learning Agility」 자료에 의하면,

- 학습 민첩성은 잠재력 있는 인재의 지표이다. 세계적으로 15%의 인력이 매우 민첩한 것으로 추정된다. 학습 민첩성을 가진 개인들은 낮은 수준의 학습 민첩성을 가진 사람들보다 18배나 더 잠재력을 가지고 있다.
- 컨설팅 회사인 콘 페리Korn Ferry는 높은 민첩성을 가진 임원들이 있는 회사는 다른 회사에 비해 25% 높은 이익 마진을 창출했다는 것을 발견했다.
- 높은 수준의 학습 민첩성을 가진 임원들은 모호성에 대한 인내와 감정 이입, 사회적 유연성이 5배나 높았다.
- 높은 학습 민첩성을 가진 개인들은 낮은 민첩성을 가진 개인들보다

두 배 빨리 승진을 했다.[51]

또한 MIT 연구 결과에서도 '민첩한 회사가 덜 민첩한 회사보다 37% 빠르게 수익을 창출하고, 30% 높은 이익을 형성한다'고 한다.[52]

위의 연구들은 민첩성이 왜 필요한지 우리에게 얘기해 주고 있다. 학습 민첩성은 개인 차원과 조직 차원에 모두 이점을 주고 있다. 개인 차원에서 민첩성은 뷰카VUCA 시대에 더 잘 적응하고 더 효과적이게 한다고 할 수 있다. 또한 조직 차원에서도 학습 민첩성은 경쟁자들보다 조직을 우위에 있게 만드는 중요한 요소이다.

:: 여전히 낮은 학습 민첩성 수준

앞에서 학습 민첩성의 정의, 중요성, 이점에 대한 설명했는데, 그러면 우리의 민첩성 수준은 어떠한가? 사람들은 뷰카VUCA의 혼란스러운 환경에 잘 적응하도록 맞춰져 있지 않다. 즉 우리는 여러 가지 변화 가운데 있지만 빠르게 변화하고 받아들일 능력을 가지고 있지 않고, 혁신과 변화를 관리할 조직의 역량이 부족하다는 것이 전문가들의 의견이다.

"우리의 전통적인 팀은 너무 느리고 충분히 혁신적이지 않다. 우리는 변화를 체계적으로 관리해야 한다"라고 GE 최고마케팅책임자인 베스 콤스톡Beth Comstock은 말했다. 우리는 점점 더 도전적인 상황으로 가고 있고 비용은 낮추면서도 성장을 이루어야 한다. 회사의 경쟁 우위는 계속적으로 압력을 받고 있고, 시장은 계속 다른 수요를 기대한다. 외부적인 요인들, 세계화, 경제적 불확실성, 파괴적인 기술, 인구통계학적 변화도 지속적인 성공을 위협한다. 그래서 조직은 변동성 안에서 기회를 활용하는 날렵함을 필요로 한다. 구글이나 애플과 같은 성공적인 기업들은 도전적이면서도 불확실한 조건에서 융통성 있는 자원을 많이 가졌음을 보여준다.

그렇다면 개인으로서의 당신과 당신의 조직은 얼마나 민첩한가? 위의 여러 자료에서 보여주듯이, 학습 민첩성은 기존의 직원이나 후보자들에게 여전히 보기 드문 자질이다. 즉 세계적으로 15%의 인력만이 매우 민첩한 것으로 추정되는데 이 수치는 뷰카^VUCA 시대에 우리가 원하는 수준은 아니고 더 높여야 할 것이다.

전체 구성원들의 학습 민첩성 수준을 볼 때, 일반적으로 고위급 리더들은 조직에서 학습 민첩성에 대한 감각을 가지고 변화를 관리하고 도전에서 살아남는다. 성공한 경영자들은 실패자들에 비해 경력 성장 과정에서 다양한 경험을 해왔으며 학습에 대한 적극적 태도, 과거의 경험으로부터 학습하려는 동기가 매우 강하다.

콘 페리 인터내셔널^Korn Ferry International이 거의 100만 명에 가까운 경영 간부를 평가한 연구는 경영 간부로 올라가면서 불확실성과 갑작스런 변화에 더 편안해져야 한다는 것을 보여준다. 리더로서 함께 만들어가고 통합하는 능력을 가져야 하고, 언뜻 관련이 없어 보이는 정보와 아이디어에도 의미를 부여하고, 혁신적인 솔루션을 만들어가야 한다. 동시에 강력하고 완벽한 데이터가 없는 현장에서도 의사 결정을 하는 자신감을 가져야 한다. 개방성, 진정한 경청, 적응성 같은 높은 직급에서 필요한 것들에 리더들은 편안해야 하며, 사람들의 아이디어나 모호함이 생기는 상황을 포용할 수 있어야 한다.[53]

하지만 전체 구성원을 본다면 학습 민첩성이 부족하고, 그것은 조직 전반의 학습 민첩성 수준이 낮은 것으로 연결된다. 실제로 조직 경험을 통해 주위를 둘러보면, 같은 분야에서 오랫동안 일을 해왔지만 전문가로서 인정할 만한 사람들이 많지 않다. 결국 경험 자체가 중요하다기보다 그 경험을 통해 무엇을 배웠는지, 그런 과정을 통해 성장을 했는지가 관건이다. 경험으로부터의 학습은 개인마다 다르고, 지속적인 성장에 영향을 미친다. 이러한 관점에서 미래 핵심 인재가 갖춰야 할 중요한 자질로서 학습 민첩성이 요구되고 있다.

그래서 우리는 개인 차원과 조직 차원에서 학습 민첩성을 높여야 할 필요가 있다. 앞서 설명한 학습 민첩성의 증명된 긍정적인 효과와 함께 학습 민첩성은 이제 모든 조직과 CEO의 의제가 되어야 한다. 학습 민첩성 수준을 평가해서 개인과 조직이 현재 비즈니스 상황에서 성공을 위한 포지셔닝이 되어 있는지 이해할 수 있고, 학습 민첩성을 개발할 수 있는 영역에 집중할 수 있다. 그리고 핵심 인재 선발이나 육성, 평가 단계, 채용 과정 등과 같은 실제 업무에 학습 민첩성을 반영함으로써 학습 민첩성을 지속적으로 향상시킬 수 있다.

학습 민첩성의 구체적인 요소를 이해하라

:: 대표적인 학습 민첩성 모델들

학습 민첩성에 대한 연구는 여러 컨설팅 회사나 학계에서 진행하고 있는데, 전반적으로는 아직 초기 단계이며, 동의된 학습 민첩성에 대한 정의도 없다. 학습 민첩성이 학습 능력과 어떻게 다른지도 합의가 되지 않았고, 학습 민첩성의 정의와 세부 구성 항목에 대해서 아직 통일된 견해가 없다. 하지만 뷰카^{VUCA} 시대의 도래와 더불어 사회 전반적으로 학습 민첩성에 대한 관심이 커지고 있다. 2012년 세계 인적자원 개발 컨퍼런스인 ASTD에서 학습 민첩성에 대한 발표가 있었고, 이러한 트렌드는 우리나라도 예외가 아니다.

글로벌 컨설팅 회사에서 제안한 학습 민첩성 모델들을 보면 각각 다른 학습 민첩성 요소를 제안하고 있다. 예를 들면, 콘 페리$^{Korn\ Ferry}$와 CCL$^{Center\ for\ Creative\ Leadership}$은 5개의 학습 민첩성 요소인데 경험을 통한 학습과 이것의 적용이라는 동일한 기본 개념은 같지만 학습 민첩성을 구성하는 세부 차원에는 상당한 차이를 보이고 있다. 그리고 체인지와이즈^{Changewise}는 4가지 요소를 제안하고 있는데, 그들이 주장하는 리더십의 민첩성은 학습 민첩성을 넘어서는 것이다(표 3-1).

학습 민첩성 정의에 있어서는 합의가 없지만, 그것을 측정하기 위해 여러 요소들이 사용된다는 것에는 일치하는 점이 있는 것으로 보인다.

표 3-1 학습 민첩성 모델

CCL 학습 민첩성	콘 페리의 로밍거 학습 민첩성	체인지와이즈의 학습 민첩성
1. 혁신: 현상에 도전하는 것을 두려워하지 않는다. 2. 성과: 어려운 상황에서도 침착하다. 3. 성찰: 시간을 내어 경험을 돌아본다. 4. 위험: 일부러 도전적인 상황에 처한다. 5. 방어: 학습에 개방적이고 역경 속에서도 방어적이 되고 싶은 유혹을 뿌리친다. 처음의 네 가지는 학습 민첩성을 가능하게 하고 다섯 번째는 학습 민첩성을 좌절시키거나 방해하는 요소이다.	1. 정신적 민첩성: 새로운 관점에서 문제를 생각해 본다. 모호함과 복잡함에 대해 편안하다. 2. 대인 민첩성: 자기 자신을 잘 알고, 경험을 통해 배우고, 변화의 과정에서 냉정하고 회복력이 있으며, 다른 사람을 건설적으로 대한다. 3. 변화 민첩성: 호기심이 많고, 아이디어에 대한 열정을 가지며, 실험하는 것을 좋아하고, 기술 개발 활동에 참여한다. 4. 결과 민첩성: 어려운 상황에서도 결과를 도출하고, 다른 사람에게 표준 이상의 성과를 내도록 격려하며, 자신감을 심어주는 존재감을 나타낸다. 5. 자기 인식: 통찰력 있고, 성찰적이며, 개인의 장단점을 이해하고, 피드백을 구한다.	1. 상황 설정 민첩성: 리더가 수행하는 변경 사항이 전술적이고 점진적이며 전략적이거나 심지어 선견지명이 있는 정도. 2. 이해관계자의 민첩성: 리더가 견해와 목표가 크게 다른 이해 당사자들을 완전히 이해하고 정렬하는 정도. 3. 민첩성 창출: 격동의 비즈니스 환경에서 발생하는 복잡하고 새로운 문제를 평가하고 해결하는 통찰력과 창의성의 정도. 4. 자기 주도적 민첩성: 리더가 피드백을 구하고 새롭고 더 효과적인 행동을 실험하는 데 있어 얼마나 주도적인지의 정도.

자료: "Learning Agility: A 2020 Leadership Competency", A. J. O'Connor Associates.

그리고 이러한 모델 모두 민첩성 있는 학습자는 다음과 같은 특징을 보인다.[54]

• 자기 성찰을 하고 자기 인식을 한다. 또한 피드백을 구하고 새로운 행동을 시도한다.

- 호기심과 실험적인 것을 좋아하는 창의적인 문제 해결자이다. 현상에 대한 변화와 도전에 열려 있다.
- 위험을 감수한다. 또한 모호함과 복잡성을 잘 견디고 역경으로부터 회복을 잘한다.

:: 5가지 차원에서 학습 민첩성을 갖춰라

먼저 학습은 기존에도 있었는데 민첩한 학습은 무엇이 다른지 의문을 가질 수 있다. 표 3-2에서 보는 것과 같이 전통적인 학습 방법은 단순한 문제를 해결하기 위한 것으로 분석력이나 기술적 재능 및 지능이 중요한 반면, 민첩한 학습은 경험에 의한 성찰을 통한 새로운 관점과 넓은 사고력 및 감정 지수가 중요하다. 뷰카^{VUCA} 시대의 복잡한 문제를 해결하기 위해서는 민첩한 학습이 필요함을 인식할 수 있다.

표 3-2 일반적인 학습과 민첩한 학습의 차이

일반적인 학습	민첩한 학습
간단한 문제에 대한 솔루션 생성 기술적인 재능 전통적인 관리 기술 분석 및 데이터 수집 기술 IQ가 중요	다양한 경험을 할 수 있는 기회 새로운 관점을 얻는 것 "왜, 그리고 어떻게"를 반영하는 개념적 사고 EQ가 중요

자료: Hoff and Burke(2017).

학습 민첩성 용어의 창시자인 롬바르도와 아이킨거는 정신적 민첩성, 대인 민첩성, 결과 민첩성, 변화 민첩성 네 가지 요소로 구성된 학습 민첩성의 프레임워크를 공식화했고 다섯 번째 요인인 자기 인식은 나중에 추가되었다. 각 민첩성의 의미는 다음과 같다.[55]

그림 3-1 학습 민첩성 요소

학습 민첩성 요소

처음에 도전하는 상황에서
결과를 만듦

개인이 자신의 진정한 강점과 약점을
어느 정도 알고 있는지에 관한 것

실험하는 것을 좋아하고
변화에 편안

독특하고 특이한 방법으로
문제를 검토하는 능력

다양한 유형의 사람들과 일할 수
있는 숙련된 소통가

자료: viaEDGE, "Assessment for Measuring Learning Agility."

- 정신 민첩성: 독특하고 특이한 방법으로 문제를 검토하는 능력

- 대인 민첩성: 다양한 유형의 사람들과 일할 수 있는 숙련된 소통가

- 변화 민첩성: 실험하는 것을 좋아하고 변화에 편안함

- 결과 민첩성: 처음에 도전하는 상황에서 결과를 만듦

- 자기 인식: 개인이 자신의 진정한 강점과 약점을 어느 정도 알고 있

  는지에 관한 것

1) 정신 민첩성

학습 민첩성의 가장 중요한 부분이 정신적 민첩성이다. 정신적 민첩성을 가진 사람들은 호기심이 많으면서도 비판적이지 않다. 근본 원인을 파악하고자 하고 경험으로부터 배운다. 넓은 시야를 가지고 있고, 같은 점과 다른 점을 찾는다. 통상적인 사고에 의문을 가지며, 어려운 문제에 대한 해결책을 찾는다. 복잡함이나 불확실성 가운데서도 일을 하는 능력을 가지고 있고, 상황을 적극적으로 받아들이며, 일을 하는 새로운 방법을 찾고자 한다. 그렇기 때문에 피하기 어려운 변화와 도전이 있을 때도 스트레스를 덜 받는다.

2) 대인 민첩성

다른 사람을 향한 열린 마음이 있어서 타인을 이해하고자 한다. 다양한 그룹과의 의사소통과 상호작용을 능숙하게 하면서 다른 사람을 통해 작업을 하는 데 가치를 둔다. 대인 민첩성을 가진 사람들은 다른 관점들을 가치 있게 받아들이고 조직에 대한 지식과 함께 갈등도 건설적으로 다룬다.

3) 변화 민첩성

지속적인 개선을 위해 노력하고, 새로운 관점이나 새롭게 선택할 수 있는 것들을 모색한다. 위험을 감수하는 것을 배움의 기회로 삼는다. 변화에 민첩한 사람들은 변화의 열기를 받아들이고, 압력을 잘 견딜 수 있으며, 변화의 영향과 변화를 어떻게 관리할지를 이해한다.

4) 결과 민첩성

높은 성과를 낼 수 있는 팀을 구축하고 제한된 자원도 최대한 활용한다. 유연하고 적응력이 있으며 리더십에 있어서도 개인의 존재감을 가지고 있다. 결과에 민첩한 사람들은 아주 어려운 상황이나 새로운 상황에서도 결과를 만들어낸다. 도전에 대응하며 가능한 것보다 더 많이 성취할 수 있도록 다른 사람들을 독려한다.

5) 자기 인식

성찰을 통해 본인의 강점과 약점을 이해하며 다른 사람들의 피드백을 구하고 환영한다. 또한 무엇이 본인의 감정과 기분을 유발하는지를 이해한다. 자기 인식이 있는 사람들은 자신에 대한 통찰력을 가지고 있고, 다른 사람의 비판을 기꺼이 받아들이며 실수에 대한 책임을 진다.

:: 학습 민첩성 정리

학습 민첩성은 경험을 통해 배운 다음 새로운 상황에서 성공적으로 업무를 수행하기 위해 그 배움을 적용하는 능력과 의지를 말한다. 이것이 일반적인 학습 민첩성의 정의인데, 콘 페리의 표현에 따르면 학습 민첩성은 결국 "무엇을 해야 할지 모를 때 무엇을 할지를 아는 것"이다.

계속 변화가 일어나고 있는 뷰카VUCA 세계에서 많은 기업들은 변화와 혁신을 관리할 수 있는 적절한 능력을 찾기 위해 애쓰고 있다. 반면 사람들은 이러한 도전적인 환경에서 살아남을 방법을 찾고 있다. 살아남은 사람들은 적응 능력이 있고, 모호함을 잘 다루고, 좌절을 다룰 때도 회복력을 보여주었다. 그래서 이러한 상황에서 성공한 사람과 그렇지 않은 사람의 차이를 학습 민첩성으로 정의하고 있다.[56]

학습 민첩성의 수준을 파악하라

학습 민첩성의 의미, 중요성과 모델을 이해했다면, 우리는 개인과 조직의 학습 민첩성을 갖출 채비를 한 것이다. 이제 학습 민첩성의 관점에서 지금 우리는 어디에 있는가라는 의문을 가질 것이고, 그 출발점은 현재의 수준을 알아보는 것이다.

민첩한 학습자에 대해 개인별로 보았을 때, 모든 사람이 민첩한 학습자로 태어나지는 않으며, 또 많은 사람들이 민첩한 학습자가 되지는 않는다고 학자들은 보고 있다. 하지만 민첩성을 배우는 능력은 배울 수 있고, 그렇게 하기 위해서 민첩성 능력 중 어느 것이 누락되어 있는지 알아야 한다. 가장 생산적인 팀원들이 가장 민첩하게 학습하리라고 생각하는 것이 논리적으로 보일 수도 있지만, 일반적으로 그렇지 않다. 단지 누군가가 한 환경에서 생산적이라고 해서 바뀐 환경에서도 그만큼 생산적일 것이라는 의미는 아니다.

학습 민첩성에 대한 관심이 증가하고 있지만 이것으로는 충분하지 않다. 체계적이고 객관적으로 학습 민첩성을 제대로 측정해야 현재 상태에 대한 보다 명확한 이해를 할 수 있고 또한 향상을 위한 노력으로 연결될 수 있다. 이러한 과정은 조직 차원에서 잠재력이 높은 인재를 더 잘 평가, 선발 및 개발하는 데도 도움이 될 것이다. 그리고 학습의 민첩한 행동을 더 잘 이해함으로써 개개인은 그들 자신의 중요한 역량을 높이고 성과를 내며 리더십을 발휘할 수 있다.

:: 학습 민첩성을 측정하는 방법과 내용

학습 민첩성에 대한 일치된 정의가 없는 것과 마찬가지로 학습 민첩성에 대한 일치된 명확한 평가도 없다. 다만 몇몇 컨설팅 회사가 평가가 가능한 도구들을 가지고 있다.

우선 효과적인 평가 방법을 선택하기 위해서는 어떤 유형의 평가가 기업 전체나 사업 전략에 도움이 될지를 결정하는 것이 필요한데, 학습 민첩성을 측정하는 일반적인 방식은 다음 세 가지이다.[57]

- 구조화된 인터뷰: 체계적인 행동에 관한 인터뷰
- 다면 평가: 선택 질문지를 사용하며, 가장 일반적으로 사용되는 측정으로 편향된 인식에 근거하지 않는 결과를 제공

- 온라인 자기 평가: 바이어엣지viaEDGE 같은 온라인 보고서 평가로 신
  뢰성과 일관성을 제공

　조직 구성원들의 학습 민첩성을 측정하고 개발하는 결정을 내리기 위해 위와 같은 방식을 여러 컨설팅 회사에서 제안했다. 그런데 이러한 도구들 중에 자기 평가에 대해서는 의문을 제기하는 학자들이 있다. 왜냐하면 자신이 평가받고 있다는 것을 아는 사람들은 지나치게 긍정적인 태도로 자신을 표현하려고 할 것이기 때문이다. 특히 개인들이 자신의 답변이 미래의 인사 결정에 영향을 미칠 수 있다는 것을 깨달았을 때 더욱 그러할 것이다.[58]

　이 문제를 피하기 위해 일부 조직은 두 개 이상의 도구, 즉 구조화된 인터뷰 및 다면 평가를 사용하여 학습 민첩성을 평가한다. 이 방법을 위해서는 면접관이 행동 지향적인 질문을 하고, 점수를 매기기에 충분한 스킬을 갖추어야 하며, 인터뷰 수행에 필요한 시간도 확보되어야 한다. 마찬가지로 다면 평가 접근 방식의 설문 조사를 완료하는 데도 적절한 인원의 도움이 필요하다. 그래서 많은 기업들은 학습 민첩성을 측정하기 위해 자기 평가를 사용한다. 자기 평가의 경우 응답자가 정직하고 정확하며 일관성 있게 질문에 답하도록 하는 것이 중요하다.

　두 번째로 학습 민첩성을 측정하는 내용을 보면, 각각의 모델이 다른 구성 요소들을 포함하듯이 컨설팅 회사마다 그 내용이 다르다. 또한 학자들의 접근에도 학습 민첩성의 구조를 정의하거나 측정하는 방법에

있어 합의된 바가 없다. 롬바르도와 아이킨거에 의해 제안된 1) 정신적 민첩성, 2) 대인 민첩성, 3) 결과 민첩성, 4) 변화 민첩성과 나중에 추가된 5) 자기 인식에 대한 각 점수는 학습 민첩성의 특정 측면을 명확히 하기 위해 사용되며, 개발이 필요할 수 있는 영역에 대한 진단 지침을 제공한다.

그런데 최근 일부 학자들(셸던Sheldon·더닝Dunning·에임스Ames, 2014)은 개인의 학습 민첩성의 또 다른 영역을 제안했는데, 고성과자들이 저성과자들보다 피드백에 근거한 시정·조치를 취할 가능성이 훨씬 높다는 것을 알아냈다. 저성과자들이 피드백의 정확성이나 관련성을 폄하하는 경향이 있었고, 자기 계발을 위한 다양한 방법을 추구하는 데 고성과자들보다 훨씬 더 주저했다. 그래서 피드백의 중요성이 학습 민첩성의 맥락 안에서 학자들에 의해 논의되었고, 학습 민첩성의 여섯 번째 요인으로 제안되는 것이 피드백 응답성이다. 6) 피드백 응답성은 개인들이 다른 사람들로부터 개인적인 피드백을 요청하고 듣고 받아들이는 정도, 그리고 그 후에 성과 개선을 위해 시정 조치를 취하는 정도를 말한다.

민첩성을 배우는 데는 또 다른 요인이 작용하는데, 학습 민첩성의 일곱 번째 요인이 바로 마음 챙김이다. 7) 마음 챙김은 개인이 외부 환경을 충분히 관찰하고, 비판단적으로 환경에 접근하며, 자신의 주의력을 조절하는 반면, 자기 인식은 내부 자극에 집중하는 것이다. 결론적으로 학습 민첩성을 위해 7가지 측면, 정신, 대인, 결과, 변화, 자기 인식, 피드백 응답, 마음 챙김을 측정하는 것이 제안되고 있다.[59]

:: 학습 민첩성 평가 도구들의 활용

표 3-3은 조직이 높은 잠재력을 지닌 인재를 식별하고 개발하도록 돕기 위한 도구와 서비스를 제공하는 컨설팅 회사들의 평가 도구 이름, 방법론, 학습 민첩성의 정의, 그리고 측정하는 것에 대한 내용이다. 일반적으로, 다섯 회사 모두 (1) 학습 능력, (2) 그 학습 능력을 미래의 새로운 리더 역할에 적용한다는 관점에서 학습 민첩성을 정의한다. 그러나 DDI는 "학습의 속도"를 중시하고, 헤이 그룹Hay Group은 "개발 기회를 활용할 준비"에 중점을 두고 있으며, 체인지와이즈는 "다양한 견해와 우선순위를 고려해야 하는 성공"을 강조한다. 측정과 관련하여 창조적 리더십 센터Center for Creative Leadership는 두 가지를 측정하고, 체인지와이즈, DDI, 헤이 그룹은 네 가지 측면, 콘 페리는 다섯 가지 측면을 평가한다.

현재 학습 민첩성에 대한 합의된 명확한 정의가 없고, 그렇기 때문에 표준화된 측정 방법도 없다. 그래서 학습 민첩성에 대해서는 보다 광범위하게 보는 것이 필요해 보인다. 대부분의 학자들과 컨설팅 회사의 실무자들은 다음과 같은 네 가지 점에 동의한다고 본다.[60]

1. 업무 및 인생 경험으로부터 배우는 관점에서 학습 민첩성을 개념화한다.
2. 다차원적 심리구조로 본다.
3. 리더십 성과와 잠재력의 핵심 예측 변수로 사용할 수 있다고 제안한다.

표 3-3 컨설팅 회사의 학습 민첩성 평가 도구

컨설팅 회사	평가 도구 이름	방법론	학습 민첩성의 정의	측정하는 것
CCL	Prospector	다면 조사	새로운 경험으로부터 배우고 이끌어가며, 배운 것을 직장에서의 과제에 적용할 수 있는 능력	· 두 측면 - 배우는 법 - 리드하는 법을 배우는 것
체인지 와이즈	리더십 민첩성 360™	다면 조사	급격한 변화와 불확실성이 일반적일 때, 그리고 성공하기 위해 여러 견해와 우선순위를 고려해야 할 때 효과적으로 리드할 수 있는 능력	· 3가지 행동 영역 - 조직 변화 리드 - 팀 성과 향상 - 주요한 대화에 참여 · 4가지 종류의 리더십 민첩성 - 맥락 설정 민첩성 - 이해관계자 민첩성 - 창의적인 민첩성 - 자기 리더십 민첩성
DDI	리더십 잠재력 목록 (Leadership Potential Inventory: LPI)	다면 조사	새로운 정보를 신속하게 학습하여 업무 이슈와 문제에 적용; 지속적인 학습 방향 제시	· 4가지 측면 - 리더십 약속 - 개인 개발 지향 - 복잡성 숙달 - 가치와 결과의 균형성 학습 민첩성은 개인 개발 지향의 한 가지 요소이다.
헤이 그룹	성장 요인 목록 (Growth Factors Inventory)	- 다면 조사 - 자기 평가	개발 기회를 활용하고 현재의 상태 이상으로 역량을 확장할 수 있는 준비성	· 4가지 측면 - 배우고자 하는 호기심과 열망 - 넓은 관점 - 타인 이해 - 개인 성숙도
콘 페리 인터내셔널	LFE™ / Choices / viaEDGE™	- 행동 인터뷰 - 다면 조사 - 자기 평가	경험으로부터 교훈을 얻고 그 후에 처음의 새로운 상황에서 성공적으로 수행하기 위해 그러한 교훈을 적용하려는 능력과 의지	· 5가지 측면 - 정신 민첩성 - 사람 민첩성 - 변화 민첩성 - 결과 민첩성 - 자아 인식

자료: Using Science to Identify Future Leaders: Part II—The Measurement of Learning Agility, Kenneth P. De Meuse, Ph.D., 2015.

4. 민첩성을 학습하는 것이 리더십 발전의 중요한 요소로 고려되어야 한다.

:: 개인이 활용할 수 있는 도구들

　지금까지 소개된 학습 민첩성 측정에 관한 도구들 이외에 학습 민첩성 측정에 관심이 있는 개인이 활용할 수 있는 도구들이 있다.

　개인 차원에서도 자신이 학습 민첩성에 대해 어떻게 하고 있는지를 파악하고 싶을 것이다. 학습 민첩성을 높이고 있는지, 아니면 학습 민첩성이 줄어들고 있는지를 알아보고, 그렇게 함으로써 학습 능력을 높이는 습관을 기르고 성장 기회를 찾을 수 있다. 또한 어떤 것들이 학습의 습관과 새로운 경험을 가로막는지를 이해하는 것도 도움이 될 것이다. 이러한 것들을 객관적으로 진단하기 위한 몇 가지를 소개한다.

　먼저 짧은 퀴즈를 활용할 수 있다. 다음 12가지 행동 각각을 평가하고 얼마나 지속적으로 보여주고 있는지 경험을 평가한다. 즉 다음의 행동을 전혀 하지 않는지, 가끔 하는지, 자주 하는지 또는 항상 하는지를 파악할 수 있다.[61]

1. 나는 정기적으로 시간을 내어 과거의 성공과 실패를 반성한다.
2. 과거의 경험에서 배운 교훈을 미래의 과제에 의도적으로 적용한다.
3. 나는 내가 함께 일하는 사람들에게서 배우는 시간을 갖는다.
4. 한 가지 경우에 무엇이 잘 작동하는지 알아차리고 다른 분야에 모범 사례를 적용할 수 있는 방법을 모색한다.
5. 나는 내 분야의 새로운 추세를 탐구하고 그것을 적극적으로 활용할

수 있는 방법을 찾는다.

6. 세상이 어떻게 변화하고 있는지와 그 변화가 사업에 어떻게 영향을 미칠지에 대해 호기심을 갖는다.

7. 나는 효과가 있는 것을 고수하고, 가능할 때마다 과거의 성공을 반복하려고 노력한다.

8. 내가 과거에 문제를 해결하고 결정을 할 때 가졌던 정보와 전문성에 의존한다.

9. 나는 그것이 지름길을 택하는 것이더라도 가능한 한 빨리 일을 처리하려고 노력한다.

10. 규정 준수 교육을 최대한 빨리 이수하기 위해 필요한 최소한의 작업을 수행한다.

11. 나는 편안한 곳에 머물며 새로운 상황, 도전적인 상황, 불확실한 상황을 피한다.

12. 나는 위험을 감수하거나, 일하는 영역을 확장하거나, 새로운 것을 시도하는 것을 피하는 것을 합리화한다.

이 퀴즈를 통해 어떻게 행동하고 어떤 패턴을 만들어가는지 이해할 수 있다. 학습을 하지 않거나 학습 속도를 늦추면서 이미 알고 있는 것에 만족을 하는지, 아니면 계속 배우고 기여하기 위해 흥미로운 것을 찾고 새로운 주제를 탐구하는지를 알 수 있다. 이러한 경향이 도전적인 상황에서는 어떻게 나타나는지도 볼 수 있다. 기존에 해오던 방식이나 익

표 3-4 도움이 될 만한 몇 가지 조언들

	나는……		
혁신	개선을 위해 현재 상황에 도전하는 가?	또는	내 마음대로 사용할 수 있는 것을 가지고 최고의 성과를 이루고자 하는가?
	새로운 아이디어로 실험하고 각각의 문제에 대한 최선의 해결책을 찾으려고 노력하는가?	또는	가장 쉽게 사용할 수 있는 솔루션을 선택하고 다음 과제로 이동하는가?
성과	문제를 더 잘 이해하기 위해 미묘한 신호를 포착하는가?	또는	내 직관을 믿어서 해결 방법을 찾는가?
	도전이나 스트레스를 받는 상황에 직면했을 때 침착한가?	또는	스트레스를 에너지로 사용하여 일을 더 빨리 끝내는가?
성찰	내 경험에 대해 비판적으로 생각할 시간을 갖는가?	또는	더 많은 작업을 수행하기 위해 한 작업에서 다른 작업으로 신속하게 이동하는가?
	과거의 실패를 검토하여 교훈을 얻는가?	또는	다음 도전에 집중하기 위해 실패를 빨리 뒤로 미루는가?
위험 감수	애매모호한 역할, 새로운 역할 또는 도전적인 역할을 지원하는가?	또는	내가 성공할 수 있다는 것을 알고 있는 곳에서 도전하는가?
	도전적인 문제와 씨름하는 것을 즐기는가?	또는	기름칠이 잘된 기계를 다루는 것을 즐기는가?
방어	성공과 실패 모두에서 나의 역할을 고려하는가?	또는	성공에 대한 공을 인정받고 빨리 실패에 대한 변명을 하는가?
	내가 필요해서 피드백을 구하는가?	또는	다른 사람들이 주고 싶어하는 피드백을 듣는가?

자료: WHITE PAPER, "Center for Creative Leadership: Learning About Learning Agility"(2014).

숙한 방식을 취하는지, 아니면 성장 마인드를 가지고 다른 방식을 취하고 그 속에서 무엇을 탐구하고 배우는지를 볼 수 있다.

두 번째는 창조적 리더십 센터[CCL]에서 제안하는 것인데, 개인의 성장에 가장 큰 기회를 제공하는 영역을 식별하기 위해 5가지 차원에 대해 현재 수준의 학습 민첩성 평가를 하는 것이다.[62]

표 3-4의 문장을 읽을 때, 어느 쪽이 당신을 더 잘 묘사하는 것 같은

152 뷰카 시대, 일 잘하는 리더

가? 왼쪽의 문장들로 기운다면 당신은 이미 학습 민첩성의 많은 요소들을 구현할 수 있다. 오른쪽으로 기운다면 학습에 관한 개선의 여지가 있을 수 있다.

개인적으로 사용할 수 있는 이러한 평가 도구를 활용해서 본인의 현재 학습 민첩성에 대한 이해를 할 수 있을 것이다. 무엇보다 중요한 것은 어떤 도구를 사용하든 학습 민첩성이 무엇이고, 왜 중요한지, 그리고 무엇을 평가하는지에 대해 이해를 하는 것이다. 이러한 자체 평가를 통해 스스로를 인식하고 개선을 위한 노력을 시작할 수 있다.

학습 민첩성의 개발에 집중하라

뷰카VUCA 시대에 학습 민첩성은 조직에서 높은 직급의 임원뿐만 아니라 전체 구성원이 가져야 될 역량이다. 민첩성을 배우는 것은 개인의 현재와 미래의 업무를 성공적으로 수행할 수 있는 잠재력을 보여주고 변화에 적응하여 새로운 문제와 상황을 해결하게 한다. 그렇게 함으로써 조직 차원에서는 생산성 및 수익을 향상시킬 뿐만 아니라 미래를 위한 인재를 확보하게 한다.

그런데 현재 상황에서는 학습 민첩성을 갖춘 인력이 낮은 수준인 것으로 전문가들은 추측하고 있다. 민첩한 조직으로 거듭나기 위해서는 다수의 조직원들이 학습 민첩성을 갖추어야 한다. 그렇다면 어떻게 민첩성을 향상시킬 수 있는가?

먼저 개인의 민첩성 수준을 판단하고 장단점을 평가해 본다. 그렇게 한 이후에는 학습 민첩성의 개발 목표 설정이 필요한데, 어떤 영역에 있어 얼마만큼 향상을 시키는 것이 필요한지 정하는 것이다. 개발 목표 설정이 되었다면 이제 목표를 달성하기 위한 전략이나 구체적인 행동 계획이 필요하고 그것을 실천해 본다. 이렇게 실천을 해보면서 학습 민첩성에 대한 통찰력을 만들어갈 수 있고 다음에는 무엇을 해야 할지에 대한 아이디어도 생길 것이다.

:: 다양한 노력을 통한 학습 민첩성 향상

학습 민첩성은 여러 가지 다양한 노력을 통해 향상시킬 수 있다.

학습 민첩성 요소들을 강화시키고 싶다면 다음 자료가 많은 도움을 줄 것이다.[63]

- 자기 인식 구축: 자신의 장단점을 이해
  - 360도 피드백 프로세스에 참여
  - 코치와 피드백을 교환하기 위한 작업
  - 다른 나라와 다른 문화에서 일해보기
  - 경험의 의미를 파악할 수 있도록 성찰 연습
  - 업무 이외 활동에 참여

- 정신적 민첩성 구축: 독특하고 특이한 방식으로 문제를 검토하는 능력
  - 과거의 경험에 기반한 새로운 아이디어를 창출하기 위해 브레인스토밍 사용 증가
  - 당신 자신이나 회사 또는 고객을 위해 새롭고 독특한 무언가를 시작
  - 하향 곡선에 있는 비즈니스를 전환
  - 현재의 제약 조건을 넘어서서 생각해 보기. 장애물이 제거되었다면 어떻게 하겠는가?
- 대인 민첩성 구축: 다양한 유형의 직원과 소통하는 데 능숙함
  - 능동적 경청 연습. 사람들이 그들의 해결책을 만드는 동안 경청할 수 있는가?
  - 사람들에 대한 반응이나 스트레스를 받는 상황에 대한 당신의 반응에 주의하는 것을 연습하기: 감정을 관리하면서 행동을 취하기 전에 잠시 멈추고 시간을 갖기
  - 복잡한 대인관계 문제를 탐색해야 하는 역할 수행
  - 권한 없는 영향력 발휘
  - 팀 관리
- 변화 민첩성 구축: 실험 및 변화에 대해 편안함
  - 중요한 변화 노력을 주도
  - 성공이 보장되지 않는 역할 수행: 프로세스를 안내할 수 있는 멘토와 일을 하기
  - 계획을 실행할 수 있는 다양하고 새로운 방법을 탐색

- 머리를 돌게 할 정도의 매우 복잡한 작업을 수행

- 복잡한 시스템이나 과정을 만들거나 재정의

• 결과 민첩성 구축: 도전적인 최초 상황에서 결과 제공

- 대처 능력 연습

- 복잡한 사례 연구를 살펴보고 문제를 해결하는 방법에 대해 생각

- 자신이 잘하는 업무를 찾아서 그것을 최대화해 보기

- 새로운 산업에서 파견 근무를 하면서 이전 가능한 스킬을 반영해 보기

- 그 일을 완수하기 위해 당신이 배워야 할 것을 나열

:: 학습 잠재력을 촉진하거나 저해하는 것들

학습 민첩성을 향상시키기 위해서는 위의 프로그램들과 같은 배우고 성장할 수 있는 기회를 적극적으로 찾아야 한다. 또한 이런 노력과 더불어 우리가 해야 할 것은 일상적인 경험에서 지속적으로 학습이 이루어지도록 하는 것이다. 그러면 일상에서 어떤 행동이 학습에 도움이 되는지와 어떤 행동이 저해가 되는지를 다시 한번 정리해 보고자 한다. 이와 관련하여 PwC '탁월성에 대한 미국 리더십 코칭 센터U.S. Leadership Coaching Center of Excellence의 제시 소스트린Jesse Sostrin은 다음과 같이 제안한다.[64]

첫째, 학습 준비와 능력을 가속화하는 데 도움이 될 수 있는 의도적인 행동은 다음 세 가지가 있다.

(1) 뒤를 돌아본다. 과거의 경험을 되돌아보면서 성찰을 하고, 경험에서 얻은 학습을 미래의 상황에 적용한다.

(2) 주위를 둘러본다. 다양한 분야의 사람들과 상호작용을 함으로써 더 나은 업무 방식을 탐구할 수 있다.

(3) 앞을 내다본다. 새로운 문제나 상황에 대처하기 위한 행동을 예상해 보면 향후에 성공적으로 적응하고 기회를 이용하는 데 도움이 된다.

두 번째로는 학습 민첩성을 저해하는 세 가지 역효과적인 행동들이 있다.

(1) 현상 유지를 모색한다. 일을 하는 과거의 방식에 지나치게 의존하면 필요한 변화, 개선, 혁신을 추구하는 것이 억제될 것이다.

(2) 쉬운 방법을 찾는다. 비용 면에서 지름길이 효율적일지라도, 이 접근법을 채택하는 것은 장기적으로 적응과 진전을 만들지 못할 것이다.

(3) 변명거리를 찾는다. 힘들지만 잠재적으로 유리할 수 있는 상황을 회피하면서 변화의 도전으로부터 자신을 보호하려고 하면, 성장 경험이나 기회에 노출되지 못할 것이다.

심리학자 및 조직 개발의 선구자인 커트 르윈Kurt Lewin이 개발한 역장 분석force field analysis을 참조하여 학습 민첩성에 도움이 되는 습관과 저해하는 습관이 어떻게 작용하는지 분석해 보면 도움이 될 것이다. 그리고 학습 민첩성을 가속화하는 동시에 속도를 늦추는 것들을 중단함으로써 성장을 이끌어갈 수 있을 것이다.

:: 조직 차원에서의 학습 민첩성 향상을 위한 제안

이제는 조직 차원에서 학습 민첩성을 높이기 위한 실질적인 것들을 제안하려고 한다. 기존에 일을 했던 조직에서 시도했던 것들을 포함하고 있으며 일부는 새롭게 시도해 보면 좋을 것들을 제안하고 싶다.

1) 과거의 경험을 배움의 기회로 만들도록 도와라

우리는 일을 잘할 때도 있지만 실수할 때도 있다. 문제는 실수를 하는 것이 아니라 실수를 어떻게 다룰 것이냐이다. 실수를 한 사람이 상처를 받고 감추려고 한다면 더 큰 부정적인 결과로 마무리가 될 것이다. 이런 일을 예방하기 위해서는 앞서 얘기한 바와 같이 조직에서 실수를 할 수도 있다는 심리적 안전감을 제공해야 한다. 사람이기 때문에 실수를 할 수도 있다는 것이 조직 속에서 받아들여져야 실수를 한 사람이 실수로부터 배움을 얻을 수 있고, 그것을 발판 삼아 다음에는 더 좋은 성과를 내는 법을 배울 것이다.

실수나 실패를 한 사람이 방어를 하는 대신 학습의 기회로 삼을 수 있도록 기회를 주어야 한다. 성공했던 경험뿐만 아니라 실패한 경험도 다른 사람과 공유할 수 있도록 한다든가, 실수를 통해 많은 학습이 있는 경우 보상을 한다든가 하는 프로그램을 통해 전체 조직 구성원들에게 실수를 통한 학습을 권장할 수 있다.

2) 솔직한 피드백을 공유할 수 있는 분위기를 조성하라

개선을 위한 피드백을 계속 구하는 것은 민첩한 학습자에게서 보이는 일반적인 행동이다. 다른 사람의 피드백에 대해 열려 있고, 방어적이지 않으며, 학습이나 향상을 위해 피드백을 받는 것에 두려움이 없다. 피드백을 공식적으로 받는 대표적인 기회인 성과 평가 회의, 360도 서베이나 스타일 분석 도구 같은 것들을 활용하여 구성원들 개인이 본인이 어떻게 일을 하고 있는지, 장단점은 무엇인지, 효과적으로 일을 하기 위해 개선되어야 할 점은 무엇인지에 대해 이해할 수 있도록 도와주어야 한다. 그런데 이러한 도구를 이용하는 피드백은 조직에서 자주 실시하지는 않으므로, 실제 업무에서 좀 더 자주 피드백을 받을 수 있으면 더욱 좋다. 그러려면 일상의 대면에서 피드백 공유가 되어야 하는데 이 부분도 아직까지 자연스럽지 않은 조직 문화가 대부분이다. 그래서 한 가지 시도했던 것이 특정한 팀 내에서 이메일이나 문서로 피드백을 주고받는 것이다. 대면이 아닌 글로써 피드백을 교환하기 때문에 좀 더 신중하고 은밀하게 피드백을 주고받을 수 있었다. 이것이 어느 정도 훈련이 된 이후에는 대면해서 그때그때마다 피드백을 직접적으로 주고받았다. 그런데 피드백을 할 때도 요령이 필요하다. 다른 사람을 초대하여 준비가 된 상태에서 해야 하고, SBI^Situation, Behavior, Impact 같은 피드백 모델을 이용하여 효과적으로 하는 것이 필요하다.

3) 팀을 위해 현재 상황이나 다른 사람 의견에 도전할 수 있는 문화를 만들라

민첩한 학습자들은 현상에 도전하고, 자신의 의견이 다른 사람의 의견과 다를 때 그대로 받아들이지 않는다. 그것들을 평가하고, 불일치를 찾고, 질문을 하여 의견의 일치를 구한다. 그러나 오늘날의 조직, 특히 계층 구조가 뚜렷한 조직에서는 이러한 시도가 쉽지 않다. 도전을 해야 하는 사람이 본인보다 직급이 높거나 영향력이 큰 사람이라면 더욱 어려울 것이다.

이럴 때는 리더의 역할이 중요하다. 다른 의견을 두려움 없이 말할 수 있는 분위기를 조성하여, 팀을 위해 더 나은 해결책이나 결과를 가져다줄 수 있도록 해야 한다. 이렇게 하는 분위기의 조성이 어렵다면 처음에는 악역을 할 사람을 정하면 된다. 즉 회의를 할 때 오늘은 "악마의 대변인^Devil's advocate"(일부러 반대 입장을 취하는 사람, 선의의 비판자)을 누가 할 것인지를 정하고, 그 사람에게는 편안하게 언제든지 자유롭게 도전할 수 있는 권한이 공식적으로 부여된다. 이런 연습을 하다 보면 전체 구성원들이 더욱 적극적으로 의견을 개진하게 되고, 나중에는 자연스럽게 도전을 하여 더 나은 대안을 찾을 것이다.

4) 새로운 환경과 처음 접하는 업무를 경험하게 하라

용어의 정의가 말해주듯이 학습 민첩성은 과거의 경험을 새로운 또는 처음 하는 업무에 적용할 수 있는 기회를 제공하는 것이다. 이것은 본인이 하던 업무가 아닌 다른 업무일 수도 있고, 새로운 프로젝트일 수도 있고, 전사적인 TFT^task force team일 수도 있다. 가능한 한 이전에 전혀 경험하지 않았던 새로운 업무를 통해 어떻게 일을 해나가는지를 관찰해 볼 수 있다. 그리고 필요하다면 그 업무를 하는 데 필요한 스킬 교육을 제공한다. 참여를 하는 사람들은 아이디어를 제안하고, 문제를 해결하고, 다양한 부류의 사람들과 협력을 하고, 리더십을 발휘하면서, 결과를 만들어가는 의미 있는 경험을 할 수 있다. 이러한 익숙하지 않은 상황에서의 경험을 통해 학습 민첩성이 많이 길러질 수 있다.

제프 다이어^Jeff Dyer 브리검영 대학 매리엇스쿨 전략학과 교수는 사람들이 의문을 갖도록 유도하고 고객들과 다른 회사들을 관찰할 수 있는 시간을 주는 과정을 만들어 혁신의 문화를 만들자고 제안했다. 예를 들어, 구글과 프록터 & 갬블은 직원 상호교환 프로그램을 실시했다. 약두 달 동안 그들의 마케팅과 인사 담당 직원들은 그들이 어떻게 일을 하는지 보기 위해 다른 조직에서 일했다. 일단 그들의 일정이 완료되면 그들은 그 아이디어들을 각자의 회사로 가져왔다. 네트워킹은 학습 동기를 증가시킬 수 있는 또 다른 기회를 제공한다. 직원들에게 회의에 참석하거나 외부 인재와 사내 회의를 진행할 수 있는 기회를 제공한다.[65]

5) 인사관리팀의 주도적인 역할이 필요하다

인사관리팀은 학습 민첩성을 도입하고 개발하여 전반적인 조직이나 비즈니스 성공에 기여해야 한다. CEO나 리더들이 학습 민첩성에 대한 이해를 할 수 있도록 하고, 조직 구성원들이 평생 학습을 통해 학습 민첩성을 키울 수 있도록 도와줄 수 있다. 다음과 같은 영역을 주도함으로써 적극적인 역할을 해야 한다.

- 인재의 개인 차원과 조직 차원의 학습 민첩성을 평가해서 수준을 파악한다.
- 회사의 전략과 인재가 잘 일치되는지와 부족한 부분이 있는지를 확인한다.
- 중요하게 향상이 되어야 할 학습 민첩성 부분을 파악하고 리더들과 함께 구체적인 개발 계획을 세우고 실행한다.
- 학습 민첩성 향상을 통한 경쟁 우위를 확보하고 비즈니스에 긍정적인 영향을 줄 수 있도록 한다.
- 핵심 인재의 학습 민첩성을 파악하고 민첩한 인재들이 중요한 역할에 배치되어 잠재력을 개발하고 성과를 이끌어갈 수 있게 한다.

이 부분에 대해서는 필자의 경험을 얘기하는 '직장 내 사례'를 참고하기 바란다.

학습 민첩성의 적용을 시도하라

: : 학습 민첩성을 활용할 수 있는 영역들

학습 민첩성에 대한 이해가 증가하고 있다. 하지만 조직에서 학습 민첩성을 개발하고 적용하는 사례는 많지 않다. 예를 들면, 포천Fortune 100대 기업의 약 25%가 학습 민첩성을 내부 및 외부 후보들에 대한 리더십 잠재력을 식별하기 위한 수단으로 사용한다. 뷰카VUCA 시대에 학습 민첩성이 개인과 조직의 중요한 성공 요인임을 감안하면 조직에서 학습 민첩성을 더 많이 채택하고 적용하고 개발하는 것이 필요하다.

그렇다면 조직에서 학습 민첩성은 어떻게 활용될 수 있을까? 다음과 같은 상황에서 고려될 수 있을 것이다.

- 외부에서 리더 등의 후보를 채용할 때
- 조직 내 주요한 업무 배치를 고려할 때
- 잠재력이 있는 인재를 평가 및 구분할 때
- 리더십과 같은 인재 개발을 할 때
- 민첩성이 더욱 요구되는 직무를 위한 관리자를 식별할 때
- 후계자 계획을 세울 때

위의 경우와 같이 학습 민첩성은 조직 내에서 잠재력이 높은 인재를

더 잘 평가, 선발 및 개발하는 데 도움이 될 것이다. 또한 개인은 학습에 민첩한 행동에 대한 이해를 통해 자신의 잠재력을 더 잘 발휘할 수 있다.

『학습 민첩성: 리더 잠재력의 열쇠Learning Agility: The Key to Leader Potential』를 쓴 데이비드 호프David Hoff는 "민첩성을 배우는 것은 리더십 게임 체인저가 될 수 있다. 학습 민첩성은 리더와 직원들을 위한 주요한 차별화 요소가 될 잠재력을 가지고 있지만, 전체 품질이나 지식 관리처럼 체계적으로 채택될 필요는 없다"라고 얘기했다. 다만 어떤 조직이 학습 민첩성을 수용하기로 선택하면 그것은 그들의 언어의 일부가 되어야 한다. 그래서 조직 내외적으로 관련된 사람들은 학습 민첩성이 무엇을 의미하는지와 학습 민첩성을 향상시키기 위해 무엇을 하고 있는지를 알아야 한다. 즉 학습 민첩성 수치는 모든 이해관계자가 학습과 개발을 지원하거나 강화할 수 있도록 특정 목표를 보는 렌즈 역할을 한다. 성찰은 모든 활동의 일부여야 하며 학습된 내용이 무엇인지 명확히 하고 앞으로 개선할 수 있는 사항이 무엇인지 식별할 수 있게 한다.

데이비드 호프도 학습 민첩성을 신입사원의 입사, 상사와 성과 관리 및 개발에 대한 회의를 할 때, 리더십 프로그램, 후계자 계획 프로그램 등에 적용하는 것을 제안했다. 민첩성 학습의 영향은 신입 리더가 학습 민첩성 평가 목록Burke LAI을 작성하고, 그 결과가 어떻게 강점과 개선의 기회를 보여주는지를 입사 때부터 시작할 수 있다. 그런 다음 상사와 업무 관리 및 개발 지원에 관한 회의를 할 때, 상사는 개발 계획의 맥락에서 학습 민첩성의 어떤 부분을 어떻게 개발할 것인지 말할 수 있다.

또한 민첩성을 배우는 것은 다른 리더십 훈련 프로그램에 사용되는 평가 도구 중 하나가 될 수 있다. 모든 경험은 배움에 관한 것이기 때문에 프로그램을 시작할 때, 끝날 때, 그리고 개선 목표를 세울 때 민첩성을 포함할 수 있다. 예를 들면, 시작할 때 참가자들에게 "그 결과를 만들기 위해 강조할 더 좋은 방법은 무엇인가?", 후속 활동에서 참가자들에게 "여기서 어떤 학습 민첩성 차원을 사용할 수 있는가?"라고 물어본다. 개선 또는 향상을 위한 목표에도 '사용할 민첩성 수치를 학습하는 것'이 포함될 수 있다. 잠재력을 다루는 후계자 계획 프로그램succession planning에서도 민첩성을 배우는 것이 잠재력에 관한 것이기 때문에 잠재력에 대한 객관적인 척도를 갖고 강화를 위한 구체적인 개발을 할 수 있다.

:: 학습 민첩성 적응을 위한 사례

업무에서 학습 민첩성의 적응을 높이고 개발하는 회사들의 사례를 공유하겠다.[66]

피아트 크라이슬러 자동차Fiat Chrysler Automobiles에서는 본인의 개발에 대한 책임을 스스로 져야 하는데, 이것은 실제 비즈니스 이슈에 기반한 과제를 해결하기 위해 스스로 학습하는 것을 의미한다. 예전의 학습 방식은 업무에 실제로 적용할 수 있는 것과는 거리가 먼 일반 이론들이었기 때문에 새로운 학습 방식을 도입하여 실제 시나리오에서 문제 해결을 연습할 기회를 제공했다. 바로 '결과를 얻기 위한 학습' 프로그램인

데 개인의 학습 잠재력을 보여주고 지속적인 학습, 문제 해결 능력, 팀 워크에 초점을 맞추어 설계된 것이다. 전체 학습 과정은 코칭, 멘토링, 공동체 의식 및 피드백과 같은 지속적인 지원을 제공하면서 직원들이 풍부한 경험을 하게 한다.

딜로이트Deloitte에서도 몇 가지 프로그램들을 진행한다.

첫 번째 "차세대 경험NextGen Experience" 프로그램은 성과와 리더십의 잠 재력이 높고 자신과 다른 사람들을 발전시키겠다는 의지를 보여주는 직 원들을 선발하여 실시한다. 리더의 개발에 중요한 자기 성찰, 평가, 코 칭 등을 포함하며, 아직 경험하지는 않았지만 결과를 만들어내야 하는 역할에서 그들의 강점을 적용하도록 한다. 이러한 경험의 축적은 리더 들이 다양한 리더 역할에서 자신의 장점을 성공적으로 적용할 수 있도 록 한다.

두 번째는 새로 승진한 전문가를 위한 핵심 개발 프로그램으로 시뮬 레이션을 사용한다. 참석자들은 뷰카VUCA 환경에 몰두되어서 1주일 분 량의 과제를 2일 동안 압축하여 탐색해야 한다. 학습을 촉진하기 위해 프로그램을 진행하는 동안 자기와 팀 성찰을 강조하는데, 다음과 같은 성찰 질문을 주로 한다. 내가 무엇을 했는가/관찰했는가? 무슨 일이 잘 되고 있는가? 잘 안 되고 있는 것은 무엇인가? 내가 배운 것을 어떻게 받아들여서 그 일에 성공적으로 적용할 것인가?

세 번째로, 사회적 차원에서 선행을 하고 싶어하는 사람들의 욕구를 인식한 딜로이트는 직원들이 배우려는 동기를 직접적으로 다루는 독특한 프로그램인 "난제Wicked Problem"를 시작했다. "난제" 참가자들은 골치 아픈 사회적 문제(예: 건강과 웰빙, 괴롭힘)를 해결하기 위한 혁신적인 방법으로 공감 기반 문제 해결 기법을 적용한다. 이 경험은 직원들이 일상 업무와 동떨어진 사회적 이슈에 대해 더 많이 배울 수 있는 발판을 제공하는 동시에 일상 업무에서 응용할 수 있는 문제 해결 도구로 사용할 수 있는 플랫폼을 제공한다.

:: 직장 내 사례

1) 임원들의 변화 민첩성 높이기

필자가 인사 관리자로 일을 한 회사는 한동안 큰 변화 없이 지내왔다. 그러다 해외 본사에 새로운 CEO가 부임하면서 큰 변화가 있었다. 회사의 비전이나 비즈니스 전략뿐만 아니라 일하는 방식, 조직 구조, 회사 정책 등에 전면적인 변화가 생겼는데 이전의 변화와는 그 범위와 영향력이 엄청나게 큰 것이었다.

처음에는 이런 변화가 모든 직원들에게 당황스러웠지만 본사 차원의 가이드라인에 따라 한국에서도 변화 관리를 하게 되었다. 그런데 한국은 다른 나라와는 다른 점들이 많아서 변화를 실행하는 관점에서 많은 어려움이 있었다. 예를 들면, 노동법이나 노조 관리, 한국만의 직급 체계와 보상, 사회 및 조직의 기존 관습, 직원들의 사고방식 등 한국만의 독특한 면들이 새삼 부각되었다.

특히 변화에 대한 내성이 많지 않은 조직이었기 때문에 변화 관리가 쉽지 않은 부분이 있었다. 지금의 이러한 변화를 잘 다루는 것뿐만 아니라 향후의 지속적인 변화 관리를 위해서 무엇이 필요할지를 많이 고민했다. 결론 중 하나는 조직과 변화를 성공적으로 이끌어 나가야 하는 부서장들로 구성된 리더십 팀의 변화 민첩성을 높이는 것이었다. 부서장들을 첫 번째 대상으로 한 이유는 직원들뿐만 아니라 부서를 이끌어가는 임원들도 변화의 내성이 부족하기는 마찬가지였기 때문이다. 그리고 부서장들에게 담당하는 팀의 변화를 리드하고 변화를 관리하는 책임이 있는 것도 중요한 이유였다. 그래서 3단계의 과정으로 임원들의 학습 민첩성을 높이는 작업을 했다.

먼저, 현재의 학습 민첩성 수준을 이해하는 것이 필요했다. 학습 민첩성을 파악하는 온라인 툴을 사용하여 개인과 팀 전체의 5가지 영역, 정신적 민첩성, 대인 민첩성, 변화 민첩성, 결과 민첩성, 자기 인식의 구체적인 수준을 파악하여 출발선으로 만들었다.

두 번째로는 학습 민첩성에 대해 임원들이 이해할 수 있도록 도와주는 워크숍을 가졌다. 현재의 뷰카^{VUCA} 시대의 특징과 학습 민첩성이 왜 중요한지, 학습 민첩성이란 무엇인지를 이해하고 온라인 툴을 통해 자신과 팀의 학습 민첩성 측정 결과는 어떠한지에 대한 검토를 하게 했다. 즉 본인의 전반적인 민첩성은 어떠한지, 리더로서 강점은 무엇이며 보다 효과적인 리더가 되기 위해 노력해야 할 부분은 무엇인지에 대한 개인 성찰의 시간을 가지게 했다. 또한 현재 리더십 팀의 전반적인 학습 민첩성 수준과 필요한 수준은 어느 정도인지와 그 차이를 메꾸기 위해서 해야 할 것이 무엇인지를 논의했다.

세 번째로는 위의 두 가지 과정을 통해 이해한 내용을 바탕으로 중요하게 향상이 되어야 할 학습 민첩성 부분에 대해 구체적인 개발 계획을 세웠다. 이 계획에는 본인과 팀 전체의 학습 민첩성 향상을 위한 좋은 아이디어들이 많이 제안되었다. 특히 본인에게 낮은 영역의 민첩성과 조직의 상황에서 중요한 민첩성에 중점을 둔 제안들의 실천에 대해서는 서로 공약을 하는 시간도 가졌다.

이러한 과정을 통해 필자가 얻은 교훈들은 다음과 같다.

- 일단 학습 민첩성이 변화하는 시대에 중요하게 요구되지만 이것에 대한 이해가 조직 전반적으로 부족하다. 위의 과정을 거친 이후에도 변화 관리와 같은 후속 세션들을 진행했지만 변화 관리를 리드해야 하는 임원들조차도 학습 민첩성을 이해하고 이를 향상하는 데 시간이 필요했다.
- 학습 민첩성을 측정하는 도구의 비용이다. 가격이 싸지 않기 때문에 자주 이용하는 데 부담이 될 수 있다. 한 번의 측정으로는 충분하지 않기에 학습 민첩성 수준을 좀 더 자주 파악하는 것이 가능한 비용 수준의 도구들이 있다면 도움이 될 것이다.
- 학습 민첩성은 조직 전체 직원들을 대상으로 다루어야 할 역량이다. 일단 급하게 학습 민첩성을 빨리 향상시켜야 하는 임원들이 첫 번째

목표 대상이 될 수 있지만 이것만으로는 충분하지 않고 다른 관리자와 직원 전체로 확산이 되어야 조직의 학습 민첩성 수준을 끌어올릴 수 있다. 전체 직원들의 학습 민첩성 잠재력을 개발하기 위한 지속적인 노력이 필요하다.

• 향후에는 학습 민첩성을 적극적으로 더 활용하는 것이 필요하다. 비즈니스 리더들은 주요 전략과 연결된 기업의 민첩성을 향상시킴으로써 오늘날의 가변적이고 복잡한 비즈니스 상황에 맞서나갈 수 있을 것이다. 그리고 아주 민첩한 리더들을 중요한 역할에 배치함으로써 성과를 지속적으로 이끌어갈 수 있을 것이다.

2) 핵심 인재 선발 요소로 학습 민첩성을 채택

이제 전체 직원을 대상으로 학습 민첩성을 적용한 사례이다. 기업들이 학습 민첩성의 적용을 점차 도입하는 상황인데, 새로운 경제 환경에서 민첩한 접근을 관리에 도입하는 조직이 있고, 과거 전통적인 관리 모델을 그대로 사용하는 조직들이 있다.

B 회사도 회사 전체적으로 학습 민첩성 개념을 도입하면서, 가장 먼저 핵심 인재 선발을 위한 한 가지 요소로 포함시켰다. 매년 조직의 모든 인재를 검토하는 과정이 시행되는데, 핵심 인재를 구분하여 육성도 하고, 주요한 임무에 배치도 하고, 후계자 계획에도 포함하는 기준으로 학습 민첩성을 적용했다.

먼저 학습 민첩성의 정의를 규정했는데, "경험을 통해 무언가를 배우고, 처음인 도전적인 상황에서 성공하기 위해 배운 것들을 적용"한다는 학습 민첩성에 대한 일반적인 정의를 채택했다.

두 번째로 5가지 학습 민첩성 요소에 근거하여 어떤 사람이 학습 민첩성이 높은지를 제시했다.

- 정신적으로 빠르게 배우고 새로운 환경에서 민첩하게 해결책을 찾는다(정신 민첩성)
- 다른 사람들을 이해하고 상호작용을 통해 일을 해나가는 데 가치를 둔다(대인 민첩성)
- 변화를 위한 주도적인 노력과 새로운 관점이나 선택을 모색한다(변화 민첩성)
- 어렵거나 새로운 상황에서 결과를 만들어낸다(결과 민첩성)
- 자신에 대한 통찰력을 바탕으로 다른 사람에게 영향을 주고 그들을 변화시킨다(자기 인식)

세 번째로는 평가를 하기 위한 구체적인 질문들을 제안했다. 예를 들면 다음과 같은 질문들인데, 이 질문에 국한할 필요는 없다.

- 복잡하고 도전적인 상황에서 해결책을 어떻게 만들었는가?
- 다른 사람들과 같이 일을 해나가기 어려운 상황에서 어떻게 협업을 이끌어냈는가?

- 자신이 이끌었던 변화 중 가장 큰 교훈을 준 사례는 무엇인가?
- 과거와는 다른 새로운 상황에서 성과를 만들었던 경우와 성공 요소는 무엇이었는가?
- 자신의 장점과 개발 영역에 본인의 인식은 무엇이며 다른 사람의 피드백에 대해 이해하고 있는가?

위의 요소들을 근거로 개별 인재의 학습 민첩성 수준을 파악했다. 앞에서도 설명한 바와 같이 학습 민첩성은 잠재력을 나타내기 때문에 향후 각 인재가 새로운 환경, 새로운 업무, 새로운 도전에서 얼마나 가능성을 보여줄지가 파악된다.

이 회사는 학습 민첩성을 잠재력 있는 인재의 구분을 위해 도입했다. 이렇게 일단 조직에 도입이 되면 다른 인사 관리 시스템에도 연결이 된다. 예를 들면, 내/외부 후보자 채용 시에 평가 항목으로 도입하고, 성과를 내기 위한 상사와의 미팅에서도 논의를 하고, 개인 개발에도 적용이 될 것이다. 다른 업무의 배치를 위해서도 적용할 수 있고, 후계자 계획에도 학습 민첩성을 반영할 수 있을 것이다.

:: 마무리 – 더욱 발전시켜야 할 학습 민첩성

세계경제포럼WEF을 비롯한 여러 경로에서 인지적 유연성과 민첩성에 대한 중요성이 강조되어 왔다. 기업에서는 학습 민첩성에 점점 더 관심을 가지고 적용하려는 노력들이 보이고 있다. 그러나 뷰카VUCA의 상황에 대응하고 시장에서 경쟁력을 가지며 성공하기 위해서는 학습 민첩성을 좀 더 발전시킬 필요가 있다.

필자는 두 가지 측면에서 발전되기를 기대한다.

한 가지는 조직 내에서 잠재력이 높은 인재를 더 잘 평가, 선발 및 개개발하기 위해 학습 민첩성을 도입하는 것이다.

몇 가지 예를 들면, 핵심 인재 선발에 있어 현재의 직무 성과뿐만 아니라 미래 잠재성 관점에서 학습 민첩성 수준도 함께 진단하고 반영할 필요가 있다. 드라이와 페퍼먼스(Dries & Pepermans, 2008)의 연구에 따르면, 여전히 많은 기업에서 미래 핵심 인재를 선발할 때 기존 직무 성과에 지나치게 의존하는 경향이 있다. 그러나 앞서 살펴본 바와 같이 미래는 과거에 경험하지 못한 새로운 환경에서 새로운 역량을 요구하고 있기 때문에 현재 잘하고 있는 영역이 아니라 지속적으로 변화하는 환경에 맞춰 빠르게 학습하고 적응하여 실천하는 역량이 더 중요하다고 볼 수 있다. 또한 핵심 인재 육성 과정에서도 단순히 경험 자체에 초점을 두기보다 경험의 질적 측면을 보다 적극적으로 관리할 필요가 있다. 즉 '경험으로부터의 학습' 측면에서 경험을 통해 무엇을 배웠는지, 그것이 역할 수행에 긍정적 변화와 영향을 미쳤는지를 점검하고 피드백하는 인재 개발 과정에 적극 활용할 필요가 있다.

또 한 가지는 학습 민첩성 발전을 위한 제안이다. 학습 민첩성은 다른 조직 개발 개념과는 달리 20년 정도의 짧은 역사를 가지고 있다. 학습 민첩성에 대해 합의된 정의도 없고, 다른 역량과 구별되는 명확한 행동의 정의도 필요하고, 그것을 바탕으로 좀 더 체계화되고 현실적인 측정 도구들도 필요하다. 이러한 것들은 조직에서 학습 민첩성을 도입하고 적용하는 데 많은 도움이 될 것이다.

이러한 한계점에도, 다양한 변화가 빠르게 진행되는 뷰카VUCA 시대에 적응하고 효과적으로 일을 하려면 학습 민첩성이 필수적이라는 데 공감대가 형성되고 있는 것은 진전이라고 볼 수 있을 것이다. 경험으로부터 빠르게 학습하고 이를 새로운 환경에 적용하여 개인과 조직의 성과에 기여해야 한다. 개인은 차별되는 하나의 특성을 위해, 그리고 조직은 지속적 성장과 성과를 위해 학습 민첩성을 더욱 활용하고 발전시켜야 한다. 이것은 현재의 당면 과제를 해결하는 것뿐만 아니라 불확실하고 도전적인 미래에 우리의 위치를 결정하는 데 영향을 미칠 것이다.

제4장 협력과 파트너십
Collaboration & Partnership

협력, 뷰카(VUCA) 시대에 더욱 중요하게 필요한 능력

:: 우리 중 누구도 우리 전체만큼 똑똑하지는 않다

"우리들 중 우리 모두보다 더 현명한 사람은 없다"는 켄 블랜차드^{Ken} Blanchard의 명언을 반박할 사람은 없을 것이다. 인간은 사회적 동물이고 상호작용에 의해 서로 더 많은 것을 얻을 수 있기 때문이다. '우리는 언제 왜 협력을 하는가?'에 대한 스탠퍼드 대학의 연구에 따르면, 협력적으로 일을 하는 사람들은 같은 일을 개별적으로 하는 사람보다 64% 더 오랫동안 그들의 업무를 한다. 또한 더 높은 수준의 몰입과 성공을 할 수 있는 반면 피로도는 더 낮다고 보고하고 있다.[67]

공유된 목표를 달성하기 위해 그룹이 같이 일을 하는 것을 팀워크나 협력으로 표현한다. 팀워크는 업무 부담을 같이 공유하고 그 일에 필요한 스킬을 가지고 있는 사람에게 업무를 위임함으로써 팀의 목표를 더 효율적으로 달성하는 것이고, 협력은 공동의 목표를 달성하기 위해 긍정적이고 능동적으로 다른 사람들과 화합하고 행동하는 것이다. 즉 팀워크는 팀 멤버의 개인 노력이 목표를 달성하는 것이고, 협력은 다 같이 프로젝트를 완성하는 것이다. 협력은 리더가 없이도 가능하며 목표를 완성하기 위해 다 같이 아이디어를 내고 의사 결정을 같이 하는 것이다.[68]

필자가 이 장에서 강조하고 싶은 것은 협력이다. 현재의 환경에서 협력을 강조하는 것은 조직 차원에서 그만큼의 이점이 있기 때문이다. 매킨지앤드컴퍼니McKinsey & Company의 연구에 따르면, 협업 프로세스와 네트워킹 도구를 구현한 글로벌 소프트웨어 개발 팀에서 생산성을 20~30% 향상시켰다.[69] 그리고 캘리포니아의 반도체 제조업체인 자일링스Xilinx는 개인 간 협업을 장려하는 도구를 사용함으로써 엔지니어 생산성이 25% 증가했다고 보고했다.[70] 협력은 이렇게 생산성 향상을 가져오는 것뿐만 아니라 고객 만족, 조직적인 학습, 문제 해결 및 의사 결정에 긍정적인 효과를 가져온다는 연구들이 많이 있다. 나아가 직원들의 참여와 성취로 인재를 유지하고 협력하는 분위기는 조직 문화에도 도움이 된다.

:: 내/외부와의 협력을 통한 시너지를 극대화하라

뷰카VUCA 시대로 접어들면서 복잡한 문제가 늘어나고 상호의존성과 기술 혁신의 증가는 잘 운영되어 온 조직들조차 혼란스럽게 만든다. 조직은 이러한 도전들에 직면하여 그들의 길을 개척해야 하는데, 이때 개인의 힘으로 풀어가는 것이 아니라 조직 안팎의 협력을 강화하는 것이 현명하고 성과에도 도움이 된다.

조직 내부에서 다른 사람들과 협력하는 것은 계속 강조되어 왔지만, 뷰카VUCA 시대에 더욱 중요하게 필요한 능력이다. 과거처럼 소수의 스타에 의해 조직을 운영하기에는 벅찬 시대이기 때문이다. 그리고 이미 개발되어 있는 인재도 어느 정도 확보되어 있을 뿐만 아니라 구성원들의 잠재력은 무궁무진하다. 이러한 인적 자원들이 협력을 하여 집단 지성으로 당면한 문제를 해결하고 성과를 만들어간다면 더욱 효과적인 운영이 될 것이다. 또한 디지털과의 융합을 통해 새로운 가치를 창조하는 혁신이 조직의 여러 분야에서 필요한데, 혁신을 위해서도 협업을 해야 한다. 마케팅 전문가 존 와드John Ward도 "혁신과 협업은 맞물려 있다. 혁신과 협업은 함께할 때 더욱 강력한 효과를 발휘한다"라고 말했다.

그래서 우리는 오늘날 조직에서 팀 단위의 일을 많이 하게 된다. 직제상의 팀을 운영할 뿐만 아니라 프로젝트나 다른 주도적인 일을 위해 팀을 구성하여 일을 한다. 어떤 업무 팀을 형성하느냐에 따라 그 팀의 효과나 창의성의 발휘 정도가 달라질 수 있다. 명확한 목표를 세우고 공유하며, 상호 신뢰하며, 진실성 있는 소통이 이뤄지는 협력을 한다면 조직 내 다양한 아이디어와 자원들이 연결되어 부가가치를 창출하고 더 큰 성과를 만들 수 있다. 한마디로 이제는 개인의 똑똑함보다 영리한 협력이 요구되는 시대이다.

뷰카VUCA 시대의 협력은 조직 내부자들뿐만 아니라 외부의 이해관계 당사자들과의 협력도 활용해야 한다. 고객, 공급자, 협력사, 정부 기관은 물론 스타트업 기업과의 협력이 특히 중요해졌고 조직 안팎의 가능한 역량을 모두 활용하는 능력이 요구된다. 이렇게 함으로써 시장에서 계속 경쟁력을 유지하며 포지셔닝을 할 수 있다. 즉 경쟁업체보다 더 빠르고 효과적으로 기회를 파악하고 포착할 수 있는 조직의 민첩성을 가질 수 있는 방법 중 하나가 외부와의 협력이다. 그렇기 때문에 협업은 조직의 성공을 이끄는 주요한 원동력이다. 이러한 이유로 인해 다른 사람과 조화롭게 일을 하는 역량coordinating with others은 세계경제포럼World Economy Forum이 제안한 2020년 중요한 10개 스킬top 10 skills in 2020에 포함이 되어 있다.

:: 직장 내 사례 – 쉽지 않은 협력을 강화하는 방법

우리가 직장에서 윈윈 파트너십을 바탕으로 협업을 잘하면 시너지 효과도 생기고 성과도 더욱 긍정적으로 만들어갈 수 있다. 그런데 막상 조직에서 일을 하다 보면 협업이 말처럼 쉽지만은 않다. 협업이 필요하고 중요하다는 것을 사람들이 이해는 하지만 현실적인 여러 가지 이유 때문에 협업이 잘 이루어지지 않는 경우가 허다하다.

최근 부서 간의 전반적인 협업이 문제인 회사를 도와주었다. 협업은 그 회사의 가치 중 하나였고 직원들이 모두 노력해야 할 부분이었지만 현실적으로는 잘되지 않았다. 직원들의 만족도 조사에서도 협업에 대한 점수가 높지 않았다.

그래서 관리자들이 모두 모여서 진행하는 행사에서 '부서 간 협업'을 하나의 의제로 포함하여 다루기로 했다. 필자가 진행한 워크숍에서는 크게 두 가지를 논의했는데, 하나는 왜 협업이 잘 이루어지지 않는지에 대해 심도 있는 논의를 했고, 두 번째는 어떻게 협업을 향상시킬 수 있는지 방안을 제시했다.

첫 번째 주제에 대해서는 일단 우리가 협업을 해야 하는 분야부터 얘기를 해보았다. 같이 문제 해결을 한다든가 프로젝트를 끝마친다든가 함께 달성해야 하는 공통의 업무 목표와 같이 협업을 해야 할 일들이 많았다. 다음에는 이렇게 협업을 해야 하는 일들이 많이 있음에도 불구하고 부서 간 협력이 쉽지 않은 이유에 대해 얘기를 했다. 사례별로 다른 이유가 있었는데 각 부서의 목표나 방향이 서로 일치하지 않는 경우도 있고, 협력을 위한 시스템이 갖추어지지 않은 것, 공통의 목표에 대한 인식이 다른 점, 서로에 대한 신뢰가 낮은 점, 몇몇 개인들의 정치적인 의제 등 여러 가지 이유가 있었다. 그래서 결국은 부서 간 사일로(조직 이기주의)가 존재하고 개인 간 협력이 약할 수밖에 없었다는 것이다.

협력이 안 되는 이러한 이유를 서로 공유한 후에는 협력을 향상시킬 수 있는 방안을 논의했다. 공통의 목적에 대해 같은 인식을 하고, 협력이 만들어지는 시스템도 필요하고, 구성원의 역할도 명확해야 한다는 제안들이 있었다. 또한 팀원들이 서로에 대해 좀 더 이해를 하고, 신뢰를 바탕으로 효과적인 의사소통을 하자는 얘기도 있었다.

좋은 의견들이 많이 나왔고 필자는 좀 더 체계적인 행동 계획까지 만들어보자는 제안을 했다. 나의 조직 경험으로 깨달은 것도 협력은 그저 '잘해 보자'라는 구호로만 일어나지는 않고 구체적인 계획과 함께 그것을 위한 모두의 노력이 있어야 한다는 것이었다. 다른 조직의 사례를 묻는 참석자들의 질문에 테아 싱어 스피처Thea Singer Spitzer 박사가 제시한 세 가지 협업의 구성 요소, 개인 역량, 팀 도구 그리고 기업 관행을 공유했다.[71]

- 개인의 역량: 타인과 효과적으로 협업하기 위해 우리에게 필요한 기본적인 역량과 태도로 상호 존중, 신뢰, 열린 마음, 효과적인 의사소통이 필요하다. 또한 이 자질 이외에도 개인에게 요구되는 네 가지 능력이 있는데, 자신에게 충실하기(자신을 파악), 타인에게 충실하기(동료들과의 협력), 업무에 충실하기(최고의 아이디어와 방법), 회사에 충실하기(회사 목표에 기여)가 요구된다.

- 팀 도구: 세 가지가 필요한데 절차, 분류 체계 그리고 효과적인 결정이다. 개인의 지성이 발휘되도록 팀이 업무를 조직하고 관리할 수 있는 절차, 해당 주제에 대해 관련자 모두가 생각을 공유하고 올바른 대상에 집중하도록 하는 분류 체계, 그리고 불확실한 미래에 대한 효과적인 결정이다.

- 기업 관행: 협업을 지원하는 경영 관행, 팀의 업무 기여에 따라 보상
  하는 직원 인센티브, 상호 접근성(사무실 설계, 지리적 분산, 재택근
  무) 등에 있어 협력을 권장하는 방향이 고려되어야 한다.

협력을 향상시키기 위한 회사 전반의 시스템 구축에 관해서 참석자
들은 세 팀으로 나뉘어서 위의 항목 중 하나에 집중하여 논의를 했다.
그리고 이 회사의 상황상 급하게 필요한 요소들을 선별해서 구체적인
실천 과제를 도출했다.

워크숍을 끝마치면서 6개월 후에 합의한 과제들이 잘 실천이 되었는
지, 긍정적인 변화가 있었는지를 논의하는 자리를 마련하기로 했다. 그
리고 이번 워크숍에서는 조직 차원에서의 협력을 어떻게 강화시킬 수
있는지를 보았는데, 다음 워크숍에서는 조직 차원이 아니라 개인 차원
에서 팀 플레이어가 되기 위해 노력해야 할 것들은 무엇인지를 다루기
로 했다.

:: 마무리 - 협력의 시대

로버트 서튼Robert Sutton 미국 스탠퍼드 대학 교수는 협업적 혁신을 강
조하면서 "천재 한 명이 혁신을 지속적으로 추진하는 것은 아니다"라며
"모든 직원이 창의적인 아이디어를 지속적으로 제안하고 이를 과감하
게 실천할 수 있는 제도와 시스템 등이 갖춰질 때 진정으로 창의적인 기

업이 될 수 있다"라고 강조했다. 애플의 공동 창업자인 스티브 잡스Steve Jobs는 "비즈니스에서 위대한 일은 한 사람이 하는 것이 아니라 한 팀이 하는 것"이라고 말했다.

이제 조직들은 협력의 가치를 깨닫고 협력을 증진할 방안을 모색해야 한다. 개인들은 팀 플레이어가 되기 위한 노력을 해야 한다. 이것이 회사와 개인이 계속 성장하고 성과를 낼 수 있는 방향이다. 그동안에도 협력은 강조되어 왔지만 뷰카VUCA 시대에는 또 다른 차원에서 협력이 중요하다. 이제 협력은 선택의 차원이 아니라 필수적인 능력이다. 다시 한번 협력 정신을 만들어갈 때이다.

협력적 리더십을 발휘하라

:: 성공적인 협업을 위해서도 리더십이 필요하다.

조직에서의 협력은 개인 차원이 아니라 문화적인 변화가 수반되어야 하며, 리더가 협력적인 환경을 구축하도록 이끌어야 한다. 즉 협력의 가치와 공통의 목적을 바탕으로 구성원들이 서로 연결되고 리더십이 전체적으로 공유되어 책임을 맡을 수 있도록 권한이 주어지는 것이 필요하다. 이렇게 공유된 리더십은 내부적으로 중요할 뿐만 아니라 외부적으로도 협력적 파트너와 일을 할 때 중요하다.

협력적 리더십은 경영자, 임원, 직원들이 사일로에서 벗어나 함께 일하게 하는 것을 목표로 한다. 그렇게 하기 위해 전제되어야 할 것이 있는데, 하나는 하향식 조직 모델하에서 소수의 임원 그룹이 통제했던 정보가 유기적으로 공유되어야 한다는 것이다. 또 한 가지는 다른 팀의 사람들과 협력하여 공동의 목표를 달성하기 위해 업무가 잘 정렬되도록 하는 것이다. 그래서 복잡한 문제를 해결하거나 어떤 사안에 대한 의사결정을 하는 것, 성과를 만드는 것을 함께 해나가는 것이다.

이렇게 하는 것은 직원과 조직이 모두 윈윈할 수 있는 길이다. 『협력적 리더십Collaborative Leadership』의 저자인 데이비드 크리슬립David Chrislip과 칼 라슨Carl Larson은 "좋은 정보를 가지고 적절한 사람들을 건설적인 방법으로 모으기만 하면, 그들은 조직이나 공동체의 공통된 관심사를 해결하기 위한 진정한 비전과 전략을 만들 것이다"라고 얘기했다. 또 ≪하버드 비즈니스 리뷰Harvard Business Review≫에 따르면, 협력적 리더들이 전략을 세우고 문제를 해결하기 위해 정기적으로 동료들 사이에서 다양한 의견과 아이디어를 찾으면, 결과적으로 직원들은 더 많은 일에 관여하고, 신뢰를 느끼고, 그들의 일에 대한 오너십을 가질 가능성이 더 높다.[72]

조직에서 협력이 잘 이루어지면 혁신적인 프로세스나 새로운 제품을 만들면서 회사가 어려운 비즈니스 상황을 잘 극복하고 지속적으로 유지 및 성공할 수 있다. 관리자 입장에서도 협력은 직원들이 상사에 덜 의존하게 하고, 스스로 자기 개발 및 학습을 하고, 혁신 능력을 높이고, 계획과 목표에 더 전념하게 한다. 반면 협력이 잘되지 않으면 조직의 자원이 낭비되고, 개인들은 참여하고 창의성을 발휘하는 포용적인 환경에서 일할 수 있는 기회를 잃는다.

그래서 뷰카VUCA 시대에 협업은 그냥 "좋은" 조직 가치가 아니라 조직의 생존과 성공에 필수적인 요소이다. 어떻게 협력하고 영향력 있는 파트너십을 구축해야 하는지를 아는 것은 리더들의 핵심 기술이다. 협력은 현재의 인력을 이끄는 데 있어 점점 더 중요한 능력으로, 다른 사람들의 지식, 경험, 창조성을 결합하고 공동의 책임을 만들어내기 때문이다.[73]

:: 협조는 하지만 협력은 하지 않는 현실에서 리더십 발휘

협업적 리더십은 다양한 조직 안팎의 이해 당사자들, 즉 팀, 조직, 기업, 공급자, 고객, 계약자, 정부 기관 및 직원과 건강하고 탄탄한 관계를 통해 혁신, 새로운 아이디어, 서비스 또는 제품을 만들고 개발할 수 있는 역량이다. 이것은 자신이 소속되어 있는 팀을 넘어서 모든 부서와 사일로를 벗어나 수평적으로 협업을 하는 것이다. 그리고 이것을 지원하는 시스템을 개발하고, 사람들이 협업할 수 있는 능력을 갖도록 보장하고, 직원들이 각자 기여할 수 있도록 격려하는 환경을 조성하는 것이다.

그런데 기존의 관리 스타일로 사람들과 자원을 관리해 온 리더들에게는 이러한 방식으로 일하는 것이 도전적일 수 있다. 이렇게 협력적으로 사람들을 이끌도록 훈련받은 리더도 거의 없으며, 많은 경우 조직의

문화나 보상 시스템이 협력적으로 일을 하도록 지지하지 않는 경우가 많다. 그래서 조직은 협력할 수 있는 능력을 가진 리더를 개발하고 정렬된 문화를 만드는 것이 필요하다.

이런 역할을 하기 위해서 조직은 과거와는 다른 리더들을 필요로 한다. 새로운 리더들은 조직 전체의 이익을 위해 신뢰할 수 있고, 존경받을 수 있으며, 포용력이 있는 리더들이다. 하지만 많은 조직들은 여전히 기존에 해왔던 조직 운영에 능숙한 리더들에 의해 관리되고 있는 것이 현실이며, 이렇게 운영되는 조직은 현재 당면한 과제를 해결하는 데 필요한 리더십이 발휘되지 않는다.

그러다 보니 조직에서 협조를 하지만 협력은 하지 않는 경우를 많이 본다. 어원을 보면 협조cooperation는 그냥 "같이 일을 하는 것work with"이고, 협력collaboration은 "함께 일하는 것work together"이다. 즉 협조는 일반적으로 다른 사람들이 그들의 일을 할 수 있도록 하는 것이고, 협력은 선한 의지와 최선의 노력으로 다른 사람들을 지지할 뿐만 아니라 특정한 결과나 제품을 얻기 위해 그들과 적극적으로 협력하는 것이다.[74] 불행하게도 아직도 많은 리더들이 협력적 리더십을 보이지 못하고 있는 경우가 많다. 리더들은 그들이 모든 해답을 가지고 모든 정보를 보유하고 있으며 모든 결정을 해야 한다는 사고방식을 고수하고 있다. 게다가 '협업'은 바쁜 세상에서 너무 많은 인내심이 필요하고 시간이 걸린다고 생각한다.

그래서 간단하지만 도움이 되는 팁을 리더들에게 제안하고 싶다.

첫 번째는 믿음이다. 협력적 리더는 다른 사람들의 아이디어를 고려함으로써 더 나은 해결책을 얻을 수 있다는 것을 이해한다. 협력적 리더들은 그들 자신이 좋은 생각과 의견을 많이 가지고 있지만 모든 것을 알지는 못하며 그들의 관점이 불완전하다는 것을 깨닫는다. 그래서 자신들의 의견을 강요하지 않고 포용적인 자세로 다른 사람들의 참여와 오너십을 권장한다.

두 번째는 소통하는 방법이다. 리더가 믿는 것에 부합하는 방식으로 소통을 하는 것이다. 본인의 의견을 얘기하기 전에 사람들을 대화에 초대하고 질문을 먼저 함으로써 그들의 관점이 의미가 있다는 것을 전달한다. 예를 들면, "이 일을 어떻게 시작하겠는가?", "무엇이 잘 되고 있는가, 그리고 그 이유는 무엇인가?", "무엇을 다르게 할 수 있는가?" 등의 질문을 먼저 하는 것이다.

세 번째는 안전한 환경 조성이다. 모든 사람들이 긴장을 하지 않고 편하게 말할 수 있는 안전한 환경을 만들어서 그들의 좋은 아이디어가 표현될 수 있도록 하는 것이다. 다만 리더가 나서서 얘기를 하거나 지시를 해야 할 때가 언제인지를 이해하는 것도 필요하다. 예를 들면, 빨리 의사 결정을 해야 할 때, 경험이나 정보 공유가 필요할 때 등이다. 하지만 그렇지 않은 경우에는 사람들이 기여할 수 있도록 동기를 부여할 필요가 있다.[75]

이것 이외에도 협업을 지원하는 역량들이 있다. 함께 일을 하는 스킬인 파트너링, 팀플레이어, 갈등 관리, 그룹 프로세스, 변화 민첩성, 창의적 문제 해결, 의사소통, 퍼실리테이션, 다양성과 포용 등이 협업에 초점이 맞추어진 역량들이다. 이러한 스킬들은 학습할 수 있다. 가능한 한 모든 조직 구성원, 특히 리더들은 이러한 스킬을 연마하여 협력의 리더십을 유감없이 발휘해야 한다.

:: 직장 내 사례―팀 내 협업을 이끌어내기

A 비즈니스 그룹 마케팅 팀의 B 이사는 팀의 협업과 시너지를 잘 이끌어내지 못했다. 업무와 성과 중심의 경향을 보이는 B 이사는 팀원들이 본인의 높은 기대 수준을 항상 충족하기를 바랐고, 팀원들은 과중한 업무에 지치고 서로 경쟁해야 했으며, 심지어 이직하는 직원이 늘어나고 있었다. 그리고 인사 담당자인 필자에게까지 불만의 목소리가 직접적으로 들려왔다.

이 상황에 도움을 주기 위해 일단 B 이사를 만났다. 근황을 묻는 필자의 질문에 B 이사는 본인도 요즘 많은 부담과 스트레스를 느낀다고 했다. 새로 바뀐 상사가 본인에게 많은 것을 요구하고 있는데 팀원들은 기대 수준에 미치지 못하고 있다는 것이다. 이 상황에 대해 좀 더 정확한 진단을 하고 싶었던 필자는 B 이사 팀의 회의를 참관하고 싶다고 했고 답답함을 느낀 B 이사도 동의를 했다.

B 이사가 팀 회의를 진행하는 것을 뒤에서 지켜보았던 필자는 상황이 생각보다 심각하다는 것을 느꼈다. 팀원들은 각자 진행하고 있는 업

무나 프로젝트를 공유했고, 그때마다 B 이사는 일이 잘 안 되고 있는 부분이나 본인의 마음에 들지 않는 부분을 지적하고 본인이 생각하는 해결안을 제시했다. 팀원들의 표정은 무거웠고, 마치 포기라도 한 듯이 자신의 입장이나 의견을 표현하는 직원도 거의 없었다. 그냥 B 이사의 의견을 듣는 것이 최선이라고 생각하는 듯했다. 두 시간 가까이 진행된 회의를 마친 후 필자도 답답함을 안고 사무실로 돌아왔다.

그다음 날 B 이사를 만나서 회의에서 필자가 보고 느꼈던 것들을 얘기했다. '팀원들이 역량 있는 인재들인데도 능력 발휘를 충분히 하고 있다고 보이지 않고 기가 죽어 있다. 시급히 상황을 개선하지 않으면 서로에게 도움이 되지 않을 것 같다'라고 얘기했다. '더군다나 그날 회의에 참석한 인원들은 관리자들인데, 그 관리자들이 또 같이 일하는 팀원들에게 똑같은 스트레스와 부담을 전달하고 있어 전체 마케팅 팀 분위기가 걱정이다'라는 얘기도 했다. B 이사도 제3자의 관찰과 솔직한 피드백에 당황하는 눈치였다. 이직을 하는 직원들이 생기고 있어 불안한 B 이사도 개선을 위한 방법을 요청했고 필자는 두 가지를 제안했다. 하나는 B 이사가 일대일 코칭을 받는 것이었고 또 하나는 마케팅 전체 관리자들에게 협력적 리더십을 만들어가는 과정을 시작하게 하자는 것이었다.

팀의 리더가 팀에 가장 큰 영향을 미치기 때문에 B 이사의 개별적인 코칭을 먼저 시작했다. 그리고 B 이사를 포함한 전체 관리자들과 시간을 마련해서 '협업적 리더십을 통한 팀 시너지 향상'이라는 주제로 세션을 진행했다. 몇몇 관리자들은 이미 필자에게 팀 분위기를 전했기 때문에 이런 시간을 갖는 것을 자연스럽게 받아들였다.

필자는 리더십 전문가인 장 프랑수아 쿠쟁Jean-François Cousin의 '뷰카VUCA 세계에서 민첩한 협업을 강화하기 위한 4단계'를 실천해 볼 것을 관리자들에게 제안했다.[76]

첫 번째 단계는 자기 리더십이다. 이것은 리더들이 완벽함과 우월함의 가면을 벗는 것이다. 즉 리더도 완벽한 결정을 내릴 수 없기 때문에 진실되고 겸손한 모습을 보여야 한다. 상황에 대한 종합적인 인식을 하고, 자신의 장단점, 성격적 결점을 받아들일 용기를 가지는 데서 출발해야 하며, 이러한 자기 수용을 통해 성장 의지를 강화하고 최선을 이끌어낸다.

두 번째 단계는 관계 리더십이다. 이것은 팀원들의 동기 부여와 능력을 향상시켜, 그들이 개별적으로 최선을 다하고 한 팀으로서 더 멀리, 그리고 더 빨리 함께 가도록 하는 것이다. 실패에 대한 과도한 두려움을 제거하고, 리더가 사람들을 보살피고 지원하고 있다고 느끼게는 하되 너무 보호하지는 말아야 한다. 리더는 부하 직원들이 본인보다 더 잘 알 수도 있음을 인정하고 그들이 최선을 다해 기여할 수 있는 공간을 제공한다.

세 번째는 팀 리더십이다. 개인 기여의 합보다 더 나은 결과를 만들어내는 팀워크를 위해, 리더가 첫 번째로 해야 할 것은 팀 멤버들의 현재의 좋지 않은 행동을 중지시키는 것이다. 그리고 팀들이 게임의 법칙을 같이 만들고 어떻게 같이 일을 해서 최고의 집단과 공통의 사고를 이끌어낼 수 있는지, 그들의 결정을 책임 있게 실행하는 것을 어떻게 확인할 수 있을지를 규정한다. 그래서 팀원들이 협력적 몰입을 할 수 있는 계기를 만들도록 한다.

네 번째는 조직적 리더십이다. 이 마지막 단계는 각 팀의 벽을 허무는 것이다. 리더와 관리자는 다양성에 대한 편견을 의식하고, 직원들이 조직 전체의 이익을 위해 다른 사람들과 팀워크를 잘 발휘하는 것을 받아들이게 한다. 이것과 더불어서 부서의 협력 문화를 만들기 위해 필요한 팀의 믿음과 행동을 규정하고, 정치나 반목과 같은 부정적인 것들을 제거해서 의사 결정 속도를 향상시키고 지속적으로 성과의 기준을 높인다.

서로가 힘든 시간을 보내고 있었기 때문에 이 네 가지 단계를 같이 실천해 보자는 데 모두 동의를 했다. 이 네 가지 단계가 서로 협업을 하면서도 지속 가능한 고성과를 지원한다는 데 어느 정도 믿음을 가진 듯했다. 먼저 부서 아래에 있는 팀 차원에서 이 단계들을 실천하고, 그다음에는 부서 차원에서도 실천을 하는 것에 합의했다. 팀을 담당한 관리자들이 각자 네 가지 단계에 대한 고민을 하고 계획을 만들어서 공유했고, 실행을 하면서 실제로 어떤 변화가 있었는지 분기별 팀 회의 때마다 공유했다. 팀 분위기는 하루아침에 개선이 되는 것은 아니기 때문에 꾸준히 노력하는 것이 필요했고 그 이후에는 이직율의 저하 등 눈에 띄는 변화도 볼 수 있었다.

:: 마무리 ─ 협업은 리더십의 필수 요건

협업은 더 이상 '하면 좋은' 것이 아니라 어떤 조직에서든 성과를 얻고 발전하는 데 필요한 리더십의 의무 사항이다. 협력적 리더십을 채택하는 조직들은 직원들의 목소리를 듣고 사업의 전반적인 성공에 함께 기여하기 때문에 생산성 향상과 직원 만족도 증가로 인한 이익을 얻는다. 그러므로 협력적 리더십은 오늘날 급변하는 비즈니스 환경에서 경쟁 우위를 확보하고자 하는 모든 기업들이 갖추어야 할 사항이다.

한편으로는 협력의 어려움을 얘기하는 사람들도 있다. 협업은 시간이 많이 걸릴 수 있고 의사 결정이 느릴 수 있다. 갈등이 발생되고 해결하는 능력과 노력이 필요할 수도 있다. 또한 잘못된 방향으로 보이는 것이 그룹에 의해 이끌어질 수도 있고, 그룹 멤버들 내에서 개인의 정체성이나 성과가 묻힐 수 있다. 그러나 앞에서 언급한 것처럼 협력은 단점보다 장점이 훨씬 더 크다. 그리고 뷰카VUCA와 같은 상황, 즉 위기와 도전이 많은 상황, 다양한 이해관계자와 같이 일을 해야 할 때, 문제가 심각하고 복잡하여 개인이 해결하기 어려울 때, 어떤 사안이 조직 전체적으로 영향을 미치는 상황에서는 협력을 해야 한다.

조직에서 중요한 파트너인 상사를 관리하라

:: 상사와 파트너십을 구축하라

대인관계 차원에서 파트너십을 긴밀하게 유지해야 하는 조직 내 대상이 상사, 부하 직원, 그리고 타 부서일 것이다. 부하 직원에 대한 관계와 리더십은 제1장에서 다루었기 때문에 이 장에서는 상사와의 파트너십과 타 부서와의 파트너십에 대해 다루려고 한다.

직원이 퇴사를 하는 이유에 대해 『사람의 열정을 이끌어내는 유능한 관리자』의 저자 마커스 버킹엄Marcus Buckingham도 얘기했듯이 '회사를 떠나는 것이 아니라 같이 일을 해왔던 상사를 떠난다'는 말을 많이 한다. 이처럼 상사는 조직에서 밀접하게 일을 하는 사람이고 절대적인 역할을 하고 있다. 그렇다면 상사와는 어떤 관계를 유지하고 어떻게 파트너십을 만들어갈 것인가?

통상적으로 상사는 주어진다. 즉 우리의 결정이 아니다. 때로는 서로 잘 맞고 같이 일하면서 시너지를 만들어가는 반면, 때로는 서로 힘든 관계로 지내는 경우도 허다하다. 서로 도움이 되기는커녕 인정을 하지 않고 불편한 관계로 지내기도 한다. 조직에서 상사와 잘 지내지 못하는 경우가 오래 지속되는 것은 두 사람 모두에게 불행이다. 상사와의 관계가 긍정적이지 못하다면 감정적으로 힘들 뿐만 아니라 파트너십, 생산성, 팀 분위기 등에 문제가 생기기 때문이다. 그러나 상사와 문제가 생긴다면 당연히 부하 직원이 더 불리하다. 왜냐하면 상사는 공식적으로 부여된, 나에 대한 권한을 가지고 있기 때문이다.

상사와는 비즈니스적인 관계이기 때문에 관계는 언제든 끝낼 수 있다. 하지만 기본적으로 조직에서 계속 일을 한다면 상사 관리를 잘해야 한다. 상사와의 관계는 계층이 있는 어느 조직에서나 존재하기 때문이다. 직장에서 하루하루를 힘들지 않게 보내는 것뿐만 아니라 조직에서 계속 성공적으로 일을 하고 싶다면 상사를 잘 관리하는 것이 필요하다.

그 이유는 여러 가지가 있다.

- 상사는 조직에서 업무 통솔권을 가지고 있다. 회사 전체와 연계된 팀의 업무 목표를 달성해야 하는 미션과 함께 팀원들의 업무를 관리하는 책임과 권한이 있다.
- 상사는 관리하는 팀원들에 대한 전반적인 인사권을 가지고 있다. 상사는 팀원의 채용, 보상, 성과 관리 및 평가, 교육과 개발, 승진, 커리어 개발, 퇴사 등을 관리한다.
- 팀을 떠나 더 위의 계층에 있는 사람들이나 관련된 외부 사람들과의 네트워크를 통해서도 팀원들에 대한 명성이나 개인 브랜드를 포지셔닝하는 데 큰 역할을 할 수 있고, 심지어 조직을 떠난 후 다른 곳에 취업 시에도 추천 또는 비추천을 하는 데 영향을 줄 수 있다.

부하 직원에 대한 이러한 권한과 역할은 상사와 잘 지내고 상사를 관리해야 하는 충분한 이유가 된다. 상사가 어떻게 하느냐에 따라 조직에서의 부하 직원은 다르게 성과를 낼 것이고, 다른 수준의 경제적 또는 비경제적 보상이 주어지며, 승진이 될 수도 되지 않을 수도 있다. 또한 현재의 상사가 떠났을 때 다음의 상사에게도 부하 직원에 대한 피드백이 전달되기도 한다.

:: 상사와 좋은 관계 맺기

상사와는 1차 관계가 아니다. 즉 업무적으로 맺어진 관계이고 그 관계를 잘 형성하고자 노력하면서 지혜롭게 관리를 해야 한다. 그러면 상사와 좋은 관계를 가지기 위한 방법은 무엇일까?

1. 이것을 얘기하기 전에 전제되어야 할 것이 있다. 상사는 내가 선택하기보다 주어지는 경우가 대부분이기 때문에 상사를 상사로 받아들이는 태도가 필요하다. 예를 들면, 새로운 상사가 부임해 오면 그 사람에 대해 비평을 하는 부하 직원들이 있다. 사람이다 보니 어떤 상사는 마음에 들고, 어떤 상사는 마음에 들지 않을 수 있다. 그러나 내가 상사를 변경하기는 쉽지 않기 때문에 있는 그대로의 상사를 받아들이는 수밖에 없다. 상사의 마음에 들지 않는 부분을 얘기하기보다 어떻게 상사와 관계를 잘 형성할지에 대해 고민하고 노력해야 한다.

상사도 사람이다. 너무 큰 기대는 하지 않는 것이 좋다. 상사는 나보다 좀 더 많은 경험과 능력이 있는 사람이지 절대적으로 나와 큰 차이가 있다고 생각하지 않는 것이 좋다. 상사는 나와 많이 달라야 한다는 기대를 하고, 그렇지 못하면 실망하고 평가하고 불평하고 비난하는 것은 바람직하지 않다. 기대와 달리 상사가 역할을 하지 못한다면 내가 그 부분을 어떻게 보완하거나 도와줄 수 있을지를 고민하는 편이 좋다.

2. 상사와 좋은 관계를 만들기 위해 가장 기본적인 것은 자기 일을 잘하여 상사로부터 인정을 받는 것이다. 상사와는 업무적인 관계이고, 팀의 성과를 만들어야 하는 공동체이기 때문에 업무적인 인정을 받는다면 일단 상사와의 관계는 긍정적으로 출발할 수 있을 것이다. 피터 드러커 Peter Drucker도 "먼저 성과를 달성하는 것이 가장 빠르게 관계를 맺는 길이다. 서로가 책임을 다하게 되면 서로를 인정하고 깊은 인간관계를 맺을 가능성이 높아진다"라고 했다.

3. 상사와 관계를 잘 맺기 위해서는 서로 잘 이해를 하고 존중해야 한다. 여기서 서로 잘 이해한다는 것은 업무 목표, 업무 스타일, 강점/약점, 중요하게 해결해야 할 업무, 커리어 방향 등에 대하여 파악하는 것이다. 이것은 상사와 바람직한 관계를 형성하는 첫 번째 단계로, 상사를 한 개인으로서 잘 이해하고 또한 어떠한 업무 상황에 있는지를 잘 파악한다면 더 조화롭게 일을 해나갈 수 있다. 예를 들면, 상사의 강점과 나의 강점을 어떻게 발휘할 때 시너지를 최대화할 수 있는지, 서로의 일하는 스타일은 어떻게 맞추는 것이 효과적인지를 고려한다.

4. 윈윈 파트너십을 바탕으로 일을 한다. 통상적으로 부하 직원은 상사의 업무 목표와 연계되어 일을 한다. 즉 상사의 성과와 성공을 위해

팀원들은 일을 해나간다. 상사가 제안하는 일을 할 때 부하 직원은 이것은 상사의 일이고 내 일이 아니다라는 생각을 하지 말아야 한다. 상사가 제안하는 일은 상사뿐만 아니라 부하 직원을 포함한 전체 팀을 위한 일이기 때문이다. 부하 직원은 상사와 함께 팀의 목표를 성취하기 위해 공동의 오너십을 가지고 함께 노력해야 하고, 한편으로는 상사의 성공을 도와야 한다. 또한 부하 직원이 일을 할 때는 좀 더 높은 관점에서 일을 하면 도움이 될 때가 많다. 내 역할에서만 생각을 하는 것이 아니라 내가 상사의 입장이라면, 내가 사장이라면 나는 이 일을 어떻게 할지 고민해 본다면 일의 방향이 좀 더 보이고 결과도 풍요로워질 수 있다. 결국 우리 모두는 팀의 목표를 위해 일을 한다. 이렇게 일을 해나감에 있어 부하 직원은 상사의 일을 도와 성공하도록 돕고, 상사는 그렇게 하는 부하 직원을 인정하고 보상을 한다면 서로 윈윈하는 관계가 될 것이다.

상사와 파트너십이 만들어지면 관계는 더욱 강화될 것이다. 즉 어떤 일을 처리하기 위해 상사는 부하 직원과 상의를 하게 되고 같이 해결을 해나가는 동반자가 된다. 조직에서 여러 형태의 도전은 상사가 혼자 처리할 수도 없고 그렇게 하도록 기대되지도 않는다. 팀원들이 다 같이 아이디어와 지혜를 모아서 더 나은 해결안을 찾아서 팀 성과를 만들어가야 하기 때문에 과거와는 다른 관계가 필요하다. 바로 파트너십을 바탕으로 같이 일을 해나가면서 공유된 리더십, 공유된 책임감을 가질 수 있다.

상사는 필요할 때 언제든 도움을 요청하고 당신은 기꺼이 상사를 위해 일을 하면서 신뢰성을 쌓을 수 있다. 당신이 또한 상사가 찾아올 때까지 기다리지 말고 상사의 고민이나 중요한 과업이 무엇인지 파악하고 상사에게 먼저 다가가는 적극성을 보인다면 더 큰 신뢰성과 파트너십을 만들어갈 수 있다. 뷰카^{VUCA} 시대에 당신은 상사에게 부하 직원이라기보다 파트너이고, 상사의 성공이 나의 성공으로 연결되는 관계가 필요하다.

: : 직장 내 사례―상사와 효과적인 의사소통

조직에서 공식적으로 부여된 절대적인 권한을 가진 상사는 어려운 대상이기도 하다. 그래서 꼭 만나야 하는 경우가 아니라면 같이하는 자리를 피하고 싶을 때도 있다. 그러나 파트너십을 쌓기 위해서 무엇보다 중요한 것은 상사와 같이하는 자리를 마련하고 의사소통을 하는 것이며, 상사와의 소통은 상사와의 관계와 업무 성과를 넘어 파트너십에 영향을 미친다는 것을 이해해야 한다.

새로운 상사를 만났을 때 필자는 일단 긍정적인 이미지로 관계를 맺는 것으로 출발했다. 그렇게 하기 위해 먼저 상사에 대한 태도를 정립했다. 즉 관계를 어떻게 설정하고 대화를 어떻게 하느냐에 관한 방법에 앞서 상사에 대한 신뢰, 존경과 진정성을 가지고자 했다. 이것은 포장된 것이 아닌 한 사람으로서 상사 개인에 대한 이해를 바탕으로 한 참된 마음이다.

직장에서의 경험을 통해 새로운 상사를 만났을 때 피해야 하는 것들을 염두에 둘 필요가 있다. 이것은 내가 상사로서 새로운 부하 직원을 만났을 때 불편했던 점이기도 하다. 하나는 처음부터 어떤 식으로든 본인의 부정적인 태도를 보이는 것이다. 예를 들면, 본인보다 젊은 상사가 부임해 왔을 때 그것 자체만으로도 마음에 들지 않음을 드러내 보이는 부하 직원들이 있는데 서로 도움이 되지 않는다. 또 새롭게 만난 상사에게 여러 가지 기대와 요구를 하는 것이다. 새로운 상사는 아직 상황 파악이 안 된 상태인데 이러한 요청을 하면 난감할 수 있다. 또 하나는 기존에 있었던 직원은 새로운 상사보다 업무를 더 잘 이해하고 있어서 상사의 업무 파악을 적극적으로 도와주어야 하는데 그렇지 않은 경우이다.

필자의 경우 상사와의 대화는 정기적인 기회와 비정기적인 기회를 모두 활용하며 꾸준히 이어가고자 했다. 그리고 여러 사람과 같이하는 대화도 있지만 일대일 면담을 통해 좀 더 진지하고 깊이 있는 대화를 하면서 파트너십을 쌓고 또 그것을 확인할 수 있는 기회로 삼았다. 정기적으로 대화를 하면서 중요한 사안에 대한 공유 및 결정, 일의 진척에 대한 보고, 업무의 우선순위에 대한 동의, 도전이나 위험에 대한 공유를 하고 서로에 대한 기대 사항이나 의지에 대해서도 확인했다. 때로는 업무와 직접적인 사안이 아니더라도 공통의 관심사를 같이 얘기하는 것은 라포 형성에 도움이 되었다. 이런 것들은 정기적으로 날짜를 정해서 할 수도 있지만 평상시에도 그때그때마다 자주 의사소통을 하여 항상 열려 있고 상사와 연결이 되어 있다는 느낌을 주도록 했다.

정기적으로 상사와 일대일 면담을 하면서 대화를 나누는 습관을 들이는 것은 필자에게도 많은 이점들이 있었다.

- 내가 하고 있는 일의 진척을 설명하면서 성과와 성과를 위한 노력을 보여줄 수 있는 기회이고,
- 어렵고 골치 아픈 일들에 대해 공유하면서 피드백을 받을 수 있고 해결을 할 수도 있다.
- 다가올 잠재적 위험이나 문제에 대해서도 상사에게 미리 알려 대비하고 있음을 공유하고, 나중에 놀라는 일이 발생하지 않도록 한다.
- 내가 미처 생각하지 못했지만 중요하게 해야 할 일들에 대한 의견을 들을 수 있다.
- 나에 대한 상사의 피드백을 체크할 수 있고, 시정할 수 있는 노력도 할 수 있다.
- 상사에게 가치가 있는 새로운 정보를 전달할 수 있다.
- 상사에게서 기대하지 않았던 정보나 뉴스를 들을 수도 있어 앞서 나갈 수 있다.
- 상사의 업무적인 환경에 대해 더 이해할 수 있어서 더욱 잘 협력하고 도와줄 수 있다.
- 상사와의 관계를 점검할 수 있고, 파트너로서 언제 어떤 것이든 상의할 수 있는 존재로 자리매김할 수 있다.

상사와 대화를 할 때는 요령도 필요한데, 다음 사항들을 원칙으로 가지고 있었다.

- 감정적으로 편안하지 않을 때는 상사와 대화를 하는 좋은 시기가 아니다. 예를 들어, 본인이 화가 났을 때는 상사와 대화를 하지 않고 진정될 때까지 기다린다.
- 상사와의 대화 시에는 긍정적이고 건설적인 방식으로 표현한다. 예를 들어 불만, 걱정, 좌절, 항의 같은 것을 표현은 하되 실천할 수 있는 제안으로 바꾸어서 얘기한다.
- 가능한 한 상사에게 부담이 가지 않게 한다. 예를 들어, 혼자서 해결할 수 있는 작은 문제를 상사에게 해결하라고 하지 않으며, 다른 대안이 없다고 생각하지 않는 한 상사에게 얘기하지 않는다.
- 상사를 포함하여 다른 사람에 대한 비난이나 비평을 전달할 때는 조심해야 하고 가능한 한 하지 않는 것도 한 가지 방법이다.

그리고 필자는 상사와 어느 정도의 파트너십이 쌓여 있다면 상사에 대한 코칭도 시도해 보았다. 코칭은 흔히 아랫사람이나 동료에게만 하는 것으로 생각하는데 상사한테도 가능하다. 업무의 주도권을 상사만 가지는 것이 아니라 팀원들과 같이 공유하는 것이 효과적인 뷰카VUCA 상황에서 상사의 제안을 따르기만 하지 말고 상사를 코칭하는 것도 시도해 봄직하다.

상사도 예전과 다른 다양한 문제와 도전을 해결하는 데 한계와 어려움이 있다. 상사도 본인의 능력을 더 발휘하여 원하는 결과를 성취하기를 바라기 때문에 부하 직원이 코칭을 통해 도와줄 수 있으면 고마워했다. 상사에 대한 코칭도 일반 코칭 방법으로 하면 된다. 다만 상대가 상사이니만큼 접근 방법을 좀 다르게 하고자 했다. 코칭 방법과 프로세스를 가지고 대화를 하되 코치-피코치의 관계를 굳이 드러내지 않는 방식이다. 상호 신뢰를 바탕으로 당당하지만 건방지지 않게 상사를 존경하는 마음으로 대화하고 상사가 감동할 만큼 상사를 코칭하면 상사를 도와줄 뿐만 아니라 내 편으로 만들 수 있었다.

:: 마무리―상사뿐만 아니라 멘토와 스폰서도 활용

조직에서는 부하 직원과의 관계도 중요하고 상사와의 관계도 중요하다. 관리자들을 보면 이 두 가지 관계를 잘 다루기보다는 한쪽으로 치우치는 경향이 더 많다. 부하 직원에 대한 리더십은 많이 얘기하지만 상사와 어떻게 파트너십을 가져가야 하는지에 대해서는 알려주는 경우가 많지 않다. 조직이 수평화되고 있지만 조직에는 엄연히 상사가 존재하고 있고, 상사와의 관계를 어떻게 가져가느냐, 상사에 대한 팔로어십뿐만 아니라 리더십을 어떻게 발휘하느냐는 팀원의 평가와 성공에 절대적이다. 부하 직원과 상사 사이의 관계를 넘어 상사와도 프로페셔널한 파트너십을 발전시켜서 뷰카VUCA 시대의 파트너로서의 역할을 충실히 수행하는 것이 윈윈하는 길이다.

그리고 업무나 경력에 도움과 지지를 받기 위해서는 상사뿐만 아니라 멘토와 스폰서와도 좋은 관계를 맺는 것이 필요하다. 멘토는 조언자로서 당신이 원하는 커리어 목표를 달성하는 데 있어서 조언과 지도, 지원을 제공한다. 스폰서는 종종 조직에서 영향력 있는 역할을 하는 사람으로 중요한 임무에 당신을 추천하거나 다른 중요한 사람들과 관계를 맺도록 도와줌으로써 당신이 조직에서 좋은 기회에 연결되도록 도와준다.

멘토는 조직 내에서 쉽게 찾을 수 있지만 스폰서는 그렇지 않다. 영향력은 있지만 아무에게나 후원을 하지 않는 스폰서를 찾기 위해서는 자신의 역할에서 높은 성과를 내고 큰 도전에 대처하며 고위직에 있는 사람들이 자신의 업적을 인정하도록 하는 것이 중요하다. 상사와의 파트너십뿐만 아니라 멘토와 스폰서와도 네트워크를 구축해서 활용한다면 리더로 성장하는 데 많은 도움이 될 것이다.

타 부서와의 파트너십을 강화하라

:: 변화하는 조직 구조에서 효율적인 부서 간 협력

조직 내에서의 협력은 부서 내의 개인들이나 팀 간의 협력도 중요하지만 부서 간의 협력도 중요하다. 조직 전체의 목표 달성 차원에서 모든 부서가 잘 정렬되고 서로 협력을 해야 하나 각 부서는 고유의 역할, 목표, 방향, 정책이 있고 일을 하다 보면 이러한 것들이 타 부서와 충돌이 되는 경우가 있다.

여러 부서가 같이 일을 하면서 시너지를 만들고 각 부서의 방향과 목표도 달성하면서 다른 부서의 목표 달성도 돕기 위해 같이 일을 잘해나가려면 어떻게 해야 할까? 특히 수평 조직, 매트릭스 조직 등 변화하는 조직 구조에서 부서 간 협력을 효율적으로 할 수 있는 방법은 무엇일까?

조직의 부서를 크게 두 개로 나누어 본다면, 하나는 일선에서 고객을 대면하면서 비즈니스를 이끌어가는 영업/마케팅 팀이 있고, 또 하나는 이러한 팀을 지원하는 부서들이 있는데, 인사, 재무, 홍보, IT, 법률, 구매 등의 팀들이다. 이 팀들은 결국 조직의 큰 목표를 위해 일을 하지만, 각 팀은 고유한 역할을 하도록 되어 있다. 이 고객 대면 부서와 지원 부서는 협조적으로 일을 해나가지만, 때로는 어떤 면에서 업무적 충돌이 있거나 사람들 간의 갈등으로 이어지는 경우가 종종 생긴다. 그런데 뷰카VUCA 시대의 비즈니스 환경은 더욱 도전적이고 경쟁적이기 때문에 두 그룹이 잘 협력하는 것이 더욱 요구된다. 비즈니스 그룹과 지원 그룹, 두 그룹 간의 효과적인 업무 진행과 성과 창출을 위해 비즈니스 파트너 모델Business Partner Model을 운영하는 조직들이 늘어나고 있다.

이 두 그룹에서의 비즈니스 파트너링은 오래되지는 않았지만 새로운 개념은 아니고 현재의 도전적인 상황에 필요한 협력을 부서 간에 잘할 수 있게 하기 위해 더욱 강조되고 있다. 현재의 많은 기업들은 지원 부서를 예전처럼 기능적인 지원만 하는 것이 아니라 성장과 수익성을 이끄는 데 중요한 역할을 하는 사업 파트너로 보고 있다. 비즈니스 파트너 모델의 목적은 비즈니스 운영의 모든 측면에서 지원 부서의 기능을 통합함으로써 회사에 가시적인 가치를 추가하는 것이다.

또한 비즈니스 팀에서는 더 성과를 만들고 지속적으로 성공하기 위해 내부 비즈니스 파트너의 힘을 잘 활용할 필요가 있다. 아무리 잘하는 팀이라도 그 팀의 힘만으로 성과를 이루는 데는 한계가 있다. 다른 부서의 협력과 지원을 최대한 이끌어내어 활용하는 것이 필요하다. 더군다나 예전과는 다른 새로운 도전이 있는 현재의 비즈니스 환경에서는 내/외부의 자원을 어떻게 활용하느냐에 따라 어려움도 좀 더 쉽게 극복하고 경쟁력도 더 오래 유지할 수 있다.

:: 비즈니스 파트너십을 구축하고 실행하라

비즈니스 그룹과 밀접하게 일을 하는 여러 지원 부서들은 비즈니스 파트너로서의 역할이 기대되는데, 비즈니스 파트너는 단순히 부서의 기능적인 업무의 실행이 아니라 전략적인 부분에 집중을 한다. 각 부서의 전략이 비즈니스 전략에 적합하도록 보장을 하는 역할이며 컨설턴트에 가깝다. 비즈니스 파트너십의 정의에 대해 가장 잘된 정리는 근래 참석했던 비즈니스 파트너링 교육에서 배운 것이다. 이에 따르면 비즈니스 파트너십은 '서로 기회를 극대화하고 상호 이익을 위한 문제를 해결하기 위해 협력하는 관계'이다.

인사 부문 비즈니스 파트너라는 개념은 미시간 주립대학의 데이브 울리치Dave Ulrich 교수에 의해 소개되었는데, 인사 팀의 네 가지 역할 중 하나가 비즈니스 파트너이다. 작은 그룹이나 개인으로 이루어진 비즈니스 파트너는 비즈니스 그룹의 리더들과 협력적으로 일을 하여 전략적인 관리와 주요 계획들을 실행한다. 근래에는 인사뿐만 아니라 비즈니스 그룹과 일을 하는 회사의 모든 지원 부서가 비즈니스 파트너로서의 역할을 수행하는 것이 기대된다. 비즈니스 파트너의 역할을 보면 주로 다음과 같은 구체적인 역할을 한다.

- 담당하는 내부 고객들에게 소속 부서의 대표이며 첫 번째 접촉점으로 필요한 지원을 한다.
- 사업 부문과 같이 협력을 하여 성과를 만들기 위한 비즈니스 전략을 만들고 실행한다.
- 소속 부서의 전문성과 스킬을 바탕으로 내부 고객, 특히 비즈니스 리더들이 가진 도전과 이슈에 대해 컨설팅과 코칭을 제공한다.
- 사업 부문과 협약하여 필요한 업무나 프로젝트를 함께 계획하고 실행한다.
- 소속 부서와 사업 부문의 연결자, 다리 역할을 하면서 두 팀의 방향이 정렬되도록 한다.

- 내부 고객과 공유된 책임감과 리더십을 바탕으로 파트너십을 잘 형성한다.

전략적 비즈니스 파트너는 임원은 아니지만 비즈니스 그룹의 대화에 발언권이 있고, 의견과 아이디어가 중시되는 컨설턴트 역할을 해야 한다. 이러한 맥락에서 각 지원 부서에 기대되는 역할이 무엇인지를 살펴보고, 그 역할을 실질적으로 어떻게 실천해 나갈 것인지에 대한 방향 설정이 필요하다. 이제 지원 부서도 뒤에서 지원하는 역할만 하는 것이 아니라 사업 부문과 함께 전면에서 비즈니스를 이해하고 고유의 가치를 제공하는 데 주도적인 역할을 해야 한다. 비즈니스 리더들과 파트너 관계를 맺고 조직적인 목표를 위해 함께 노를 저어가는 것이다.

:: 직장 내 사례 – 비즈니스 파트너 개발과 점검 사항

A 회사에서는 비즈니스 파트너 역할을 공식적으로 만들었으나 이 새로운 직무가 어떤 일을 어떻게 해야 하는지에 대한 이해가 조직 차원에서 부족했다. 그래서 비즈니스 파트너들이 일을 잘할 수 있도록 도와주기 위해 워크숍을 계획하고 실시했다. 오래전부터 비즈니스 파트너 역할을 했고 관련된 여러 가지 교육을 받은 필자의 경험을 토대로 워크숍에서는 먼저 현재 상황에 대한 이해와 비즈니스 파트너가 왜 필요한지, 어떤 역할을 해야 하는지, 필요한 역량이 무엇인지, 그 역량을 개발하기

위한 방법에 대한 내용을 다루었다.

비즈니스 파트너가 역할을 제대로 하기 위해서 꼭 필요한 역량들이 있는데, 이 역량들은 기존에 개발되지 않은 것들도 있어서 중요하게 다루었다. 즉 전략적 비즈니스 파트너로서 가치를 인정받고 조직의 미래에 대한 대화에 초대받을 자격이 있으려면 일정한 기술과 지식이 있어야 한다. 비즈니스 파트너에게 필요한 역량은 다음과 같다.

가장 우선적으로 필요한 것은 본인이 속한 부서의 전문가가 되어야 한다는 것이다. 담당하는 사업 부문의 첫 번째 접촉점으로 이해 당사자들에게 상담을 하고 해결안에 대한 컨설팅을 하기 위해서는 풍부한 업무 지식과 경험이 필요하다. 고객은 광범위한 이슈에 대한 논의를 할 수 있는데, 비즈니스 파트너가 제한된 부분에만 기여할 수 있다면 비즈니스 파트너 역할을 제대로 하기 어렵다. 그래서 비즈니스 파트너로서 일을 하기 위한 첫 번째 준비는 본인이 먼저 담당 업무에 대한 충분한 기능적인 역량을 개발하는 것이다. 즉 인사 비즈니스 파트너라면 인사 관리 전문가가 되어야 하고, 재무 비즈니스 파트너라면 재무 쪽 전문가가 되어야 한다. 이것은 또한 비즈니스 파트너로서 사업 부문의 리더와 건강한 파트너십을 쌓는 데도 아주 중요한 전제 조건이다.

두 번째는 같이 일을 하는 사업 부문의 비즈니스를 충분히 이해하고 있어야 한다는 것이다. 내가 지원하는 사업의 상황과 니즈를 이해하지 못한다면 어떻게 가치를 전달할 수 있겠는가? 사업 부문을 위한 전략적 사고와 통찰력에 기여하고 우리 부서의 역할과 역량을 사업 부문의 니즈와 연결하려면, 사업에 대한 깊은 이해가 필요하다. 그렇게 하기 위해서는 1) 비즈니스 전반에 대한 이해를 하고, 2) 비즈니스 도전, 기회 및 영향을 파악한 후, 3) 비즈니스 영향을 각 팀과 연결하여, 4) 비즈니스 파트너로서의 가치를 제안해야 한다. 즉 비즈니스 파트너가 비즈니스 문제를 해결하고 기회를 활용할 수 있는 계획, 전략 및 전술을 비즈니스 리더들과 함께 논의하고 개발하며 제안할 수 있어야 한다.

세 번째는 파트너링 스킬이다. 이것은 지원하는 사업 부문과 신뢰가 있는 관계를 형성하고 효과적으로 의사소통을 하는 것이다. 신뢰는 우리가 일을 할 때 가장 우선적으로, 기본적으로 요구되는 것이다. 신뢰를 바탕으로 하는 관계를 만들고 유지하기 위해서 필요한 과정과 스킬들이 있다. 우선 비즈니스 파트너의 자세인데, 지금까지는 '나'를 중심으로 일을 했으나 비즈니스 파트너로서는 '우리'가 같이 일을 한다는 마음가짐을 가져야 한다. 이러한 마음가짐과 함께 파트너링 스킬을 연마해야 한다.

가장 중요한 파트너링 스킬은 효과적인 의사소통이다. 본인의 영역을 넘어서면서 사업의 맥락에서 적극적으로 소통해야 한다. 이것은 단순히 말을 잘할 수 있는 능력이 아니라 본인의 메시지를 이해시키고 사업 부문의 사람들과 진정한 토론을 시작할 수 있다는 것을 의미한다. 사업적 맥락에서 말을 함으로써 비즈니스 파트너는 사업 관계의 기반을 마련할 수 있다. 일단 그러한 관계를 구축하고 강력한 통찰력을 전달할 수 있다면 비즈니스 파트너는 의사 결정에 영향을 주는 위치에 있게 된다. 신뢰를 바탕으로 의사소통을 잘하여 영향력을 발휘하려면 프로페셔널한 의사소통 스킬을 연마할 필요가 있다. 예를 들면 라포를 형성하는 스킬, 피드백을 공유하는 스킬, 저항에 대처하는 스킬 같은 것은 도움이 많이 된다.

네 번째는 컨설팅 스킬이다. 이것은 실제 해결안을 제공하는 스킬로서 내부 고객의 니즈를 파악하고 건강하고 신뢰 있는 파트너십을 구축하며 해결안을 찾아가는 것이다. 고객의 니즈를 파악하기 위해서는 질문하고 경청하고 요약하는 스킬들이 도움이 될 것이다. 예를 들면, 부서의 니즈를 파악하는 여러 가지 컨설팅 방법론이나 질문법을 익혀서 사용하면 효과적이다. 비즈니스 파트너는 내부 고객의 요청이 오고 나서야 반응하기보다는 컨설팅 기술을 사용하여 현재 및 미래의 비즈니스 상황, 문제 및 목표에 따라 사전에 파트너에게 전문적인 조언, 지침 및 서비스를 제공할 수 있어야 한다.

이 밖에도 문제 해결 능력, 갈등 해결 능력, 영향력을 미치는 능력, 감정 지능, 행동 유형이나 스타일 분석과 같은 스킬 등이 비즈니스 파트너로 일을 하는 데 많은 도움이 된다.

프로페셔널한 비즈니스 파트너가 되기 위해서는 한 번의 워크숍으로는 충분하지 않다. 비즈니스 파트너가 내부 고객의 니즈에 맞는 광범위한 영역에서 가치를 전달하기 위해서는 자기 개발을 지속적으로 해나가야 한다. 그리고 피드백을 받는 공식적 또는 비공식적 채널을 만들어서 자신이 역할을 어떻게 해왔는지 성찰하고 더 향상시켜야 하는 부분에 대한 노력을 하는 것이 필요하다.

PWC에서 제안한 다음과 같은 질문들을 통해 비즈니스 파트너와 내부 고객 사이의 관계와 협업에 대해 성찰해 볼 수 있다.[77]

- 명확하게 기대가 정해져 있는가?
- 양측이 함께 비전을 창조하는 데 관여했는가?
- 규칙적이고 개방적인 대화가 있는가?
- 정직하고 건설적인 피드백을 얼마나 자주 공유하는가?
- 쌍방이 상생 협약의 달성을 위해 노력하는가?
- 다른 사람들의 견해에 대한 개인적인 용기와 배려의 균형이 있는가?
- 양 당사자는 상호 존중하고 강점을 인정하는가?

또한 비즈니스 파트너는 다음의 질문들과 함께 가끔 자신이 하고 있는 역할에 대해 스스로 평가해 보는 숙고의 시간도 필요하다. 다음은 필자도 실제로 활용을 했던 질문들이다.

- 내가 하고 있는 비즈니스 파트너로서 역할에 대해 스스로 평가를 한다면 어떤가?
- 나와 같이 일을 하고 있는 내부 고객은 나의 비즈니스 파트너로서 역할을 어떻게 평가할 것인가?
- 나는 소속 부서와 사업 부문 사이에서 균형 잡힌 역할을 하고 있는가?

- 비즈니스 파트너에게 필요한 역량을 나는 얼마나 갖추고 있는가?

- 어떤 부분에 강점이 있고, 어떤 부분이 더 개발이 되어야 하는가?

- 나는 어떤 비즈니스 파트너가 되고 싶은가?

- 향후에 내가 더 노력을 해야 하는 부분은 어떤 것인가?

위의 내용들은 비즈니스 파트너들이 노력해야 할 부분이고, 비즈니스 사업 부문이 노력해야 할 부분들에 대해서는 사업 부문들과 같이 얘기하는 기회들을 가질 수 있다.

:: 마무리 – 조직에서 비즈니스 파트너의 현실과 제안

조직에서 비즈니스 파트너는 위에서 언급한 역할과 역량을 구비하고, 전략적 비즈니스 파트너로서 일을 잘하고 있는가? 왓슨 와이어트Watson Wyatt 컨설팅 회사의 연구나 딜로이트 인적자본 동향 보고서를 보면, 많은 조직이 비즈니스 파트너 모델을 구현했지만 대부분의 회사에서는 비즈니스 파트너가 사업에 어떻게 기여해야 하는지에 대한 이해가 더 필요한 상황이다. 비즈니스 파트너 역할을 좀 더 구조화해야 하고 배치 방식도 향상시켜야 하며, 비즈니스 파트너의 서비스와 솔루션이 비즈니스 가치, 성과 및 결과에 더 영향을 미칠 필요가 있다.[78]

비즈니스 목표에 부합하는 전략을 개발하고 구현하는 데 있어서 비즈니스 파트너에게 주어지는 기대감은 높은 반면 조직은 많은 과제에

직면해 있다. 비즈니스 파트너의 역량 수준은 비즈니스 파트너 역할의 요구 사항에 이상적으로 적합하지 않고, 아직 비즈니스 파트너 모델을 완전히 활용할 수 있는 시점에 있지 않은 것으로 보인다. 이 부분은 지속적으로 향상이 되어야 할 부분이다.

비즈니스 파트너 모델은 긴 역사를 가지고 있지 않기 때문에 이 역할이 있는 조직도 있고 그렇지 않은 조직도 있다. 아직 비즈니스 파트너가 없는 조직은 공식적인 역할로 도입하는 것을 고민해 보기를 바란다. 지원 부서의 비즈니스 파트너 역할에 대한 기대나 니즈는 계속 있어왔기 때문이다. 소규모의 조직인 경우 기능적인 역할과 비즈니스 파트너의 이중 역할을 부여하는 경우도 많다. 그리고 앞서 언급한 비즈니스 파트너 니즈와 연장선에서 볼 때 비즈니스 파트너 모델을 통해 내부적으로 협력하면 회사의 핵심적인 부분이 개선될 수 있다. 즉 사람들을 연결하여 공유 문화를 가지게 되고, 팀의 생산성을 높이며 의사 결정 시간을 단축시킬 수 있다.

더욱 복잡하고 서로 연결이 되어 있는 갈등을 관리하라

:: 갈등 관리에 많은 에너지를 쏟고 있는 현실

2017년에 보고된 연구 보고에 따르면 고위직에 있는 책임자들이 직원들 사이의 갈등을 관리하는 데 평균적으로 그들의 업무 시간의 15%를 사용한다는 것을 보여준다. 이 연구 결과는 과거에 실시된 연구와 비슷한 결과라고 한다. 이것은 갈등을 이해하고 그것들을 다루는 혁신적인 방법에 대한 니즈가 계속 있음을 알려준다.[79]

우리가 살고 일을 하고 있는 뷰카VUCA 세상은 갈등을 발생시키는 요인들이 더욱 많이 있다. 예전에는 어쩌다 한번 경험하는 변화가 이제는 지속적으로 일어나고 있고, 전반적인 환경의 변화는 시장을 더욱 다이내믹하게 만들고 비즈니스에도 영향을 주고 있다. 예측하지 못했던 여러 파괴적인 사건들은 시장 환경에서만이 아니라 조직 내에서도 발생하고 있으며, 이러한 블랙 스완black swan 사건들은 조직 내에서 갈등을 일으키는 징후가 되고 있다.

과거와는 달리 더욱 동적이고 도전적인 환경은 조직 구성원들의 스트레스 지수를 높이고 업무 진행이나 의사 결정 프로세스에도 변화를 주고 있다. 또한 더욱 많은 의사소통과 상호작용이 필요하다. 이러한 모든 상황은 갈등적인 요소를 만들고 있다. 그러므로 조직에서는 이러한 갈등을 주의 깊게 보고 관리를 해야 한다. 두 사람 이상 같이 활동을 하는 그룹에서의 갈등은 자연스럽게 발생될 수밖에 없으므로 이것을 잘 관리하여 그룹 내에서 긍정적으로 작용하고 성과를 만드는 데 도움이 될 수 있도록 해야 한다.

갈등을 관리하려면 먼저 갈등의 이유를 이해하고 풀어나가면 된다. 갈등이 일어나는 일반적인 원인을 보면 사실, 일하는 방법, 목표나 우선순위, 역할, 가치 등에 의한 갈등일 수 있다. 사실에 의한 갈등은 데이터에 입각해서 사실을 확인하고, 일하는 방법이 충돌이라면 각 방법을 검토하여 가장 적합한 방법을 선택하면 된다. 역할에 대해서는 조직 구조에 의한 역할과 책임 소재를 분명히 하면 되고, 목표나 우선순위에 대한 갈등은 공통 목표를 찾아 한 방향 또는 타협으로 결정을 한다. 가치에 의한 충돌은 해결이 쉽지 않을 수 있는데, 상대방의 가치에 대한 이해와 존중을 하고 신중하게 타협을 하여 공통된 의견에 도달하는 것이다.

그런데 뷰카VUCA 상황에서 발생되는 갈등은 좀 더 복잡하고 모호할 수 있기 때문에 더욱 면밀히 갈등의 원인을 들여다보아야 한다.

- 더욱 다양하고 깊이 있는 이유가 있을 수 있다. 예를 들면 리더십이나 업무 스타일의 차이, 자원의 제약, 복잡한 보고 관계, 개인의 정치적 안건, 다양한 팀에서 다양한 문화에 대한 이해 부족, 감정적인 이유 등
- 때로는 한 가지 이상의 복잡한 이유로 인한 갈등이 발생할 수도 있다. 복잡한 문제나 갈등은 한 가지 이유가 아닌 경우가 많기 때문에 어떠한 배경으로 인한 갈등인지 이해가 필요하다.
- 갈등의 양상도 정확히 파악하는 것이 필요하다. 개인 간의 갈등인지, 팀 간 또는 부서 간의 갈등인지, 세대 간이나 특정 그룹 간의 갈등인지도 파악이 쉽지 않은 경우가 있다. 부서 간의 갈등이었지만 알고 보면 부서장들의 개인 간 갈등일 수도 있다.
- 또한 갈등 해결을 가로막는 장벽이 무엇인지도 이해하는 것이 필요

하다. 때로는 갈등의 당사자들이 관련된 사실이나 문제에 대해 다른 인식을 하고 있거나 인지적인 편견을 가지고 있을 수 있다. 또한 상대나 자신이 가진 감정을 인정하지 않고 무시하거나 방해물로 생각하는 것, 그리고 갈등 해결 방향에 있어 상호 이익이 아닌 상대방의 희생을 통한 이익 추구 등의 장벽을 파악할 수 있어야 한다.[80]

갈등의 상황을 뭉뚱그리기보다는 이렇게 세밀하게 갈등의 원인과 장벽을 파악하는 것이 해결에도 도움이 될 뿐만 아니라 향후 예방을 위해서도 필요하다.

:: 보다 적극적으로 갈등 관리를 하라

앞서 얘기한 바와 같이 갈등은 그룹 활동에서 자연스러운 것이고 피하기 어렵다. 그렇다면 조직에서 갈등을 어떻게 효과적으로 관리할 것이냐의 문제로 연결된다. 갈등의 발생을 막을 수는 없지만 발생했을 때 관리를 잘하면 오히려 더 나은 상황으로 이끌어갈 수 있다. 우리나라 속담에도 "비 온 뒤 땅이 굳는다"라는 얘기가 있지 않은가?

우선 갈등은 피할 수 있으면 피하는 것도 좋다. 갈등이 한번 발생하면 관리 비용이 발생하기 때문이다. 즉 갈등이 발생하면 우선 팀 분위기에 부정적인 영향을 주고, 팀원들은 스트레스가 증가되며 협업 능력이 저하될 수 있을 뿐만 아니라 결국 팀 생산성 저하로 이어질 수 있다. 또한 그러한 부분들은 회복되는 데 시간이 걸리고 최악의 경우 회복이 안될 수도 있다.

그런 차원에서 조직에서는 갈등 관리를 좀 더 적극적으로 할 필요가 있다. 특히 상황이 더욱 동적으로 변하는 뷰카VUCA 환경에서는 갈등 관리가 성과뿐만 아니라 조직의 안정과 지속적 성공에도 영향을 미칠 수 있다. 성향에 따라 다르나, 많은 사람들은 갈등 자체를 싫어하기 때문에 갈등을 무시하거나 해결하는 것을 우선순위에 두지 않으면서 갈등을 방치하거나 더욱 키우는 경우가 있다. 사실 갈등을 다룰 때는 감정적으로 관여하고 싶지 않을 수도 있고, 제대로 해결을 하는 것이 어려울 수도 있고, 갈등 해결로 인한 결과의 두려움도 있다. 그래서 '좋은 게 좋다'라는 생각으로 그냥 덮어두기도 한다. 그러나 이렇게 하는 것이 갈등의 근본적인 해결은 아니며, 추후 비슷한 갈등의 촉발이 계속될 수도 있다.

갈등 관리에 대한 기본적인 방법으로는 다음 조언을 참고하면 좋을 것이다.[81]

- 갈등이 발생하기 전에 좋은 관계를 만들라.
- 작은 문제들이 확대되지 않게 하라. 발생하면 바로 처리하라.
- 다름을 인정하고 존중하라.
- 갈등 상황에서 다른 사람들의 관점을 들어라.
- 사실에 집중하기 전에 느낌을 인지하라.
- 사람을 변화시키는 것이 아니라 문제 해결에 중점을 두어라.

- 당신이 문제를 해결할 수 없다면 그것을 도와줄 사람에게 의지하라.
- 상황과 관련된 사람과 상황에 당신의 스타일을 적용하는 것을 기억하라.

갈등을 관리하는 능력은 저절로 주어지지 않는다. 그럼에도 불구하고 조직에서 갈등 관리에 대한 교육을 선제적으로 많이 하지는 않는다. 적어도 어떤 심각한 갈등이 발생하기 전까지는 그런 편이다. 갈등을 해결 내지 예방하는 차원의 최소한의 교육이 필요할 것으로 보인다. 또한 팀이 함께 일을 할 때 갈등을 피하면서도 효과적으로 하기 위해 팀 차트 team chart 같은 것을 같이 만들면 도움이 된다. 팀 차트에는 통상적으로 우리 팀의 존재 이유, 팀의 목적/가치/책임, 그리고 팀 목적을 달성하기 위한 팀원들의 업무/역할/성과를 포함한다. 그리고 회의나 프로젝트 진행 시에도 그라운드 룰ground rules과 같은 역할과 규칙을 미리 정해서 갈등을 미연에 방지하는 노력은 도움이 된다.

예방하는 차원의 노력을 했지만 어쩔 수 없이 해결해야 할 갈등이 발생하는 경우 해결 방법은 갈등의 근본 원인을 파악 및 이해하고, 갈등 수습에 따른 다양한 스타일도 인식하고, 니즈와 차이점을 탐색한 후 건설적인 해결을 위한 노력을 하는 것이다. 다양한 스타일의 인식은 토머스 킬만 갈등 스타일 도구Thomas Kilmann Conflict Mode Instrument를 많이 활용한다. 각자의 니즈는 무엇이고 그 차이점은 어떤 것인지를 이해한다. 건설적인 해결을 위해서는 입장이 아닌 관심 사항을 보고 공통되는 기반을 찾은 후 상호 이익을 위한 옵션을 개발해야 한다.

:: 직장 내 사례 – 갈등을 건설적으로 다루는 방법

조직에서는 크고 작은 갈등이 항상 존재한다. 그래서 조직에서 갈등이 발생할 때마다 팀 갈등을 신뢰로 바꾸고 잘 회복하여 긍정적 결과로 만들기 위해 어떻게 도와줄 수 있을지를 필자도 항상 고민했다.

필자가 속해 있던 회사의 해외 본사로부터 큰 조직 변경이 있어서 한국에서도 그 영향이 컸다. 일단 조직의 계층이 줄어들었고, 새로운 역할이 생기고, 기존 역할이 없어지고, 보고 라인이 바뀌고, 기존 업무 범위도 조정되는 등 큰 변화가 있었다. 이런 경우 개인적으로 이득이 있는 직원도 있고 그렇지 않은 직원도 있어서 아주 민감한 상황이었다.

필자가 관리하는 팀도 예외는 아니어서 어제까지 관리자였던 사람이 이제 더 이상 관리자가 아니고 어제까지 부하 직원이었던 사람이 이제는 동료이고, 하고 싶지 않은 역할을 해야 하고, 잘 알지 못하던 사람에게 보고를 해야 하는 등 많은 변화가 있었다. 처음에는 변화를 이해하고 받아들이느라 정신이 없었지만 바뀐 상황에서 일을 하면서 하나둘씩 갈등이 생겼다. 예를 들면, 본인이 기존에 하던 일을 다른 사람에게 넘긴다든가, 서로 협조를 덜 하는 부분이 생긴다든가 하는 외적인 부분만이 아니라 개인의 감정적인 부분도 드러나 갈등이 눈에 띌 정도로 나타났다. 평상시에 갈등 관리에 대한 교육도 했고 갈등 관리 스타일도 서로 공유했지만 몇 년 전에 진행한 것이라 많은 도움은 되지 않았다.

이러한 상황을 해결하기 위해 필자는 두 가지를 시도했다. 하나는 공식적으로 부서 전체 차원에서 해결하려고 했고, 두 번째는 개인 차원의 해결이었다. 부서 전체 차원에서는 다 같이 모여서 현재 업무 상황에 대해 점검을 하고, 잘되고 있는 것과 향상이 필요한 부분을 함께 규정하고, 우리가 같이 노력할 부분에 대해 논의를 하는 기회를 가졌다. 논의를 하기 전에 기본 원칙인 '그라운드 룰'을 정해서 열린 마음으로 솔직하면서도 건설적인 의견을 공유하자고 약속했다. 개인에 따라 참석의 의지와 열정의 차이는 있었지만 회사의 방향을 어쩔 수 없이 받아들여야 하는 부분과 우리가 노력해서 변화시킬 수 있는 부분에 대한 논의는 어느 정도 공감을 이룬 것으로 보였다. 그리고 향후 좀 더 효과적으로 일을 하기 위해 서로의 갈등 관리 스타일에 대해서도 다시 한번 공유하는 기회를 가졌다. 마지막으로 이러한 기회는 한 번으로 충분하지 않기 때문에 그 이후에도 정기적으로 같이 얘기하는 시간을 가지면서 탐탁지 않은 변화와 갈등을 다루며 팀원들이 점차 갈등에 대한 회복력을 기르고 신뢰를 구축하는 기회로 삼고자 했다.

두 번째로는 개인 간 갈등이 특히 심한 두 사람에 대해 개별 코칭에 들어갔다. 두 사람을 각각 만나서 코칭 대화를 했는데, 이때 가장 중점을 두려고 했던 부분은 그 사람들 개인에 대한 경청과 공감이었다. 변화하는 과정에서 힘든 시간을 보내고 있는 두 직원의 감정과 어려움을 많이 들어주고 공감해 주는 것이 무엇보다 필요했기 때문이다. 이때 '갈등은 다름이 아닌 감정이다'라는 것을 확인할 수 있었다. 상대방에 대한 어떤 행동보다는 그 행동으로 인해 각자가 받은 섭섭함이나 아쉬움 같은 감정이 갈등을 만들었다. 이러한 감정을 표현하도록 한참을 들어주었다. 그렇게 한 후 직원이 필자의 피드백을 받아들일 준비가 된 후에 "만약 이런 상태가 계속 된다면 어떻게 될까요?"란 질문을 던져서 이러한 상태를 계속 유지하는 것은 아무에게도 도움이 되지 않음을 깨달을 수 있도록 했다. 그리고 마지막에는 서로가 스트레스를 덜 받고 윈윈하며 일을 할 수 있는 방법을 찾는 데 도움을 주었다.

조직에서의 갈등 관리를 하면서 필자가 느끼고 확인한 것들을 정리하면 다음과 같다.

- 갈등을 관리하는 시기가 있다는 것이다. 즉 너무 늦지 않게 갈등 관리를 해야 더 큰 갈등으로 확대되는 것을 막을 수 있다.
- 누군가가 주도권을 잡고 갈등 관리에 헌신을 보여야 한다는 것이다. 팀원들의 갈등이라면 관리자가 주도권을 잡고, 동료들 간의 갈등이라면 다른 동료나 그 위의 상사가 해결을 도와주어야 한다.
- 이해를 하기 위해 적극적으로 경청하고 공감을 하는 것이다. 경청과 공감을 통해 상황을 잘 이해해야 해결을 위한 방법을 찾을 수 있다.
- 해결을 위해서는 서로의 공통점을 찾아서 그것에 중점을 두면 해결안이 보일 수 있다. 그리고 그 해결안을 실천에 옮겨야 한다.
- 해결을 하려는 사람의 입장에서는 무엇보다 너그럽고 포용력이 있어야 한다. "당신도 잘한 것이 없는데 왜 갈등을 일으키냐"라는 식으로 핀잔을 준다면 갈등의 골이 더 깊어질 수도 있다. 비난하지 않으면서

대응을 하고 대화를 통해 배워야 한다.

:: 마무리 - 갈등 관리 시스템은 조직의 성공에 중요하다

뷰카VUCA 시대에는 조직 안팎으로 전혀 예측하지 못했거나 더욱 다양하고 도전적인 갈등의 소지가 많다. 비즈니스 환경뿐만 아니라 같이 일을 하는 사람들을 볼 때도 내부적으로 다른 니즈를 가지는 여러 팀, 예를 들어, 밀레니얼 같은 다양한 세대와 일을 해야 하고 외부적으로도 더 다양하고 많은 이해관계자들과 일을 하는 상황에서 갈등을 미리 예측하고 효과적으로 관리하는 데 보다 적극적이어야 한다. 그렇게 하기 위해 다음과 같은 갈등 관리 원칙을 염두에 두면서 갈등 관리 역량을 개발하는 것이 필요하다.[82]

- 갈등은 피할 수 없고 어떻게 대처하느냐에 따라 긍정적 또는 부정적 결과를 초래할 수 있다.
- 사람들은 일반적으로 갈등을 부정적으로 보고 피하려고 하지만, 갈등을 건설적으로 풀어가면 더 나은 결과를 얻을 수 있다.
- 갈등 해결에 대한 거부감을 극복하기 위해서는 갈등을 효과적으로 관리하는 가치를 인식하는 것이 중요하다.
- 개별적인 갈등 역량을 개발해야 한다. 1) 인지적 능력: 갈등에 대한 본인의 태도와 반응에 대해 자기 인식을 하고, 어떤 것이 사람을 자

극하는지와 갈등이 일어날 때 사람들이 어떻게 반응하는지를 이해하는 것이다. 2) 감정적 기술: 갈등에 대한 감정적 반응을 이해하고 조절하며, 상대방의 감정을 이해하고 반응하는 것 그리고 진정하기 위해 시간을 가지는 것이다. 3) 행동적 능력: 타인의 관점, 감정, 필요를 이해하고, 자신의 생각, 감정, 관심도 공유하고, 창의적인 해결책을 개발하기 위한 협력을 하며, 그리고 이러한 것들이 중단되었을 때 의사소통을 재개하기 위해 손을 뻗는 것이 포함된다.

- 갈등에 대해 싸우거나 도망가거나 하는 반응을 보이는 파괴적인 행동을 하지 않는다.
- 갈등 상황에서 진정하며 건설적으로 접근할 수 있는 올바른 분위기를 조성하여 팀원들이 문제를 솔직하게 논의할 수 있게 한다.
- 조직적 맥락에서 진정하고 느긋해지고 건설적으로 갈등 관리를 할 수 있는 문화를 만든다. 갈등 관리 역량을 회사의 미션, 정책, 교육, 성과, 보상과 연결하는 통합적인 갈등 관리 시스템을 만든다.

이제 회사의 갈등 관리 시스템은 비즈니스의 성공과 실패에 중요한 역할을 한다고 볼 수 있다. 조직이 처한 상황에서 현재의 갈등 또는 미래의 잠재적인 갈등을 이해하고, 분석하며, 적절한 해결 전략과 방안을 가지고 현명하게 접근해야 추후 비즈니스나 조직 운영에 영향이 큰 갈등을 방지할 수 있을 것이다.

| 에필로그 |

냉전 시대 이후 군사적 용어로 소개된 뷰카^{VUCA}, 즉 변동성, 불확실성, 복잡성, 모호성은 이제 비즈니스를 포함한 현재의 전반적인 상황을 설명하는 용어가 되었다. 글로벌 다국적 회사에서 일을 하면서 필자는 뷰카^{VUCA}라는 용어를 수년 전에 접했다. 처음 이 용어를 들었을 때는 필자도 용어 자체가 낯설었다. 영어 이니셜을 정확히 외우고 그 뜻도 깊숙이 이해하기까지 시간이 필요했다.

뷰카^{VUCA} 용어가 점차 익숙해지면서 주변에 일어나는 일들과 연관을 지어보게 되었고, 많은 것들이 뷰카^{VUCA}로 이해할 수 있음을 알게 되었다. 비즈니스적인 측면뿐만 아니라 기술적·산업적·경제적·정치적·환경적·사회적인 측면에서 몇 년 전만 해도 예측하기 어려웠던 일들이 너무나도 많이 벌어지고 있다.

예를 들면, 기술적으로 하루가 멀다 할 정도로 디지털화, 인공지능, 빅데이터, 로봇화, 블록체인, 클라우드, 모바일(5G), VR·AR, 초감지센서 같은 새로운 핵심 기술들은 갱신이 되고 기존 산업에 연결되어 4차 산업혁명을 이끌고 있다. 정치적·경제적으로 미국과 중국의 첨예한 무역 전쟁, 한국과 일본의 갈등, 미국과 북한 대표의 만남 등은 얼마 전까지만 하더라도 상상하기 어려웠다. 환경적으로 지구 온난화와 여러 가지 오염이 인류의 생존에 영향을 미치며 우리는 신종 바이러스나 미세먼지와 전쟁을 해야 할 상황이다. 사회적으로도 밀레니얼이라는 새로운 세대의 대두와 더불어 연애/결혼/출산을 하지 않는 삼포 세대의 젊은이들의 숫자가 늘어나고 있어 국가적으로 풀어야 할 큰 숙제이다.

어떤 사람들은 뷰카VUCA와 같은 드라마틱한 현상은 과거에도 있었고 모든 사람들이 다 영향을 받는 것은 아니라고 얘기한다. 그러나 우리를 둘러싸고 있는 환경의 변화 속도가 과거보다 훨씬 빠르게 전개되며, 기술에 의해 변화되는 시장이나 고객 요구, 온라인으로 인한 조직과 사람의 연결, 세계화의 가속화로 인해 복잡성은 높아졌다. 이렇게 더 복잡하고 불안정한 상황에서 우리는 불확실성과 모호함을 더 인식할 수밖에 없으며, 이렇게 전반적으로 변화된 상황에서는 대부분의 산업과 사람들이 뷰카VUCA와 무관할 수 없을 것이다.

지속적으로 변화하는 거시적 환경을 우리는 이해하고 받아들여야 할 것이다. 그리고 이러한 상황이 각자가 속한 조직과 개인에게 어떤 의미이고 어떤 영향을 미치는지를 인지해야 한다. 여러분의 조직도 예전과 달리 많은 빠른 변화를 자주 경험하고 그것이 복잡하고 이해하기 어려운 경우가 많아졌을 것이다. 딜로이트의 「2019년 글로벌 인적 자본 동향2019 Global Human Capital Trends」 조사에서도 "더 복잡하고 모호한 상황을 헤쳐 나갈 능력"이 21세기 비즈니스 리더에게 새롭게 요구되는 사항이라는 것에 조사 응답자의 80%가 넘게 동의를 했다.

그러나 뷰카VUCA 상황에 위축되거나 겁먹을 필요는 없다. 모든 변화에는 항상 위험과 기회가 공존한다는 것을 독자들은 잘 알고 있을 것이다. 위험을 관리하면서도 기회를 만들어가면 된다. 그렇게 하기 위해 현재의 바뀐 패러다임을 바탕으로 전략적으로 대응해야 한다. 뷰카VUCA의 해결 방안으로 또 다른 뷰카VUCA − Vision(비전), Understanding(이해), Clarity(명확성), Agility(민첩성) − 를 제안한 것과 같이 말이다.

이제 뷰카VUCA에 대한 대응 방안으로 조직과 개인 차원에서 구체적인 실행 계획을 만들고 실천해야 하는 과제가 남아 있다. 앞서 본문 4장에 걸쳐 필자가 얘기한 내용, 즉 변화된 리더십, 성과를 위한 조직과 개인의 탁월함, 도전에 대한 답을 찾는 학습 민첩성, 더 큰 가치 창출을 위한 협력과 파트너십이 조직 차원에서 이 과제를 풀어가는 출발점이 될 수 있을 것이다. 그리고 독자들은 이 부분들을 더욱 발전시켜 나가기를 바란다.

그리고 개인적으로도 미래를 위한 준비를 해야 한다. 더욱 가속화될 뷰카VUCA 시대를 위해 본인의 준비 상태를 점검해야 한다. '당신은 현재에 성공하고 미래를 이끌어가기 위해 얼마나 준비가 되어 있는가?' '무엇을 더 잘 이해하고, 배우고, 실천하는 것이 필요한가?'를 질문해야 한다. 이것은 학습과 역량의 차원뿐만 아니라, 리더십의 차원, 성과의 차원, 통찰력의 차원에서 검토되어야 할 질문들이다. 이것은 밥 조핸슨Bob

Johansen 박사도 강조한 내용이다.

이 책을 쓰면서 필자가 의도했던 것은 변화된 환경에 대해 독자들이 좀 더 잘 이해하고 위기의식을 더 가졌으면 하는 것이었다. 필자가 조직 생활을 하면서 느꼈던 것도 뷰카VUCA가 바로 우리 주위에서 일어나고 있지만 제대로 이해하지 못하고 대처를 잘하지 못하는 안타까운 경우를 많이 보아왔기 때문이다. 이 책을 읽는 독자들이 이제 뷰카VUCA에 적응을 하고 자신감 있게 거친 뷰카VUCA 세계를 항해해 나가기를 바란다.

책의 출간을 가능하게 해주신 서울엠의 사장님 이하 임직원들에게 감사의 말씀을 드린다. 그리고 책을 쓰고 출간까지의 긴 여정에 힘이 되어준 남편에게 고마움을 전한다. 마지막으로 아들 종윤이가 뷰카VUCA 시대에 멋진 활약을 하기를 기대하고 응원하면서 이 글을 맺는다.

참고자료

1   MetLife's Report on Mental Health and Stress: Building Employee Resilience in the Fourth Industrial Revolution, https://www.metlife.co.uk/resilience/

2   Nathan Bennett and G. James Lemoine, "What VUCA Really Means for You", *Harvard Business Review* (January-February, 2014).

3   https://integralleadershipdesign.com/executive-coaching-being-agile/

4   2019 Deloitte Global Human Capital Trends, "Leading the Social Enterprise: Reinvent with a human focus."

5   https://coachfederation.org/core-competencies

6   Manfred F. R. Kets de Vries, *The Hedgehog Effect: The Secrets of Building High Performance Teams* (Jossey-Bass, 2011).

7   https://www.coachingperformance.com/grow-model/

8   David Sibbet, "Principles of Facilitation: The Purpose and Potential of Leading Group Process"(The Grove Consultants International, 2002).

9   The Institute for Cultural Affairs, R. Brian Stanfield(ed.), *The Art of Focused Conversation: 100 Ways to Access Group Wisdom in the Workplace* (New Society Publishers, 2000).

10 김동원(고려대학교 경영대 교수) 기고문, "여성이 경쟁력이다", ≪한국경제신문≫, 2019. 8.31.

11 Korn Ferry Institute, "The Inclusive Leader", 2019.

12 https://www.ideasforleaders.com/ideas/inclusive-leadership-aligning-the-different

13 http://www.mtmps.com/cpms/uploads/high-impact-talent-management-white-paper.pdf

14 "Waiter, is that inclusion in my soup? A new recipe to improve business performance", Research Report, Sydney launch: May 2013.

15 https://www.mckinsey.com/business-functions/organization/our-insights/why-diversity-matters

16 https://www.insidehighered.com/sponsored/relation-based-leadership-21st-century

17 Bill George, *Discover Your True North*(John Wiley & Sons, 2015).

18 윤정구, 『진성리더십』(라온북스, 2015).

19 https://www.prnewswire.com/news-releases/younger-managers-rise-in-the-ranks-survey-quantifies-management-shift-and-reveals-challenges-preferred-workplace-perks-and-perceived-generational-strengths-and-weaknesses-222116881.html

20 Bob Johansen, *Leaders Make the Future: Ten New Leadership Skills for an Uncertain World*(Berrett-Koehler, 2012).

21 Kirk Lawrence, "Developing Leaders in a VUCA Environment", UNC Kenan-Flagler Business School(UNC Executive Development, 2013).

22 "수평적 조직구조 경영", ≪LG 주간경제≫, 2014.11.10.

23 http://media.fastcampus.co.kr/insight/horizontal-organization-zappos-holacracy/

24 https://www.researchgate.net/profile/Dan_Denison/publication/271081230_Which _comes_first_organizational_culture_or_performance_A_longitudinal_study_of_causal _priority_with_automobile_dealerships/links/5a79d42ba6fdcc4ffe927b78/Which-comes-first-organizational-culture-or-performance-A-longitudinal-study-of-causal-priority-with-automobile-dealerships.pdf?origin=publication_detail

25 https://universumglobal.com/worlds-most-attractive-employers-2017/

26 Amy Edmondson, "Psychological Safety and Learning Behavior in Work Teams", *Administrative Science Quarterly*, Vol. 44, No. 2(Jun, 1999), pp. 350~383, Johnson Graduate School of Management, Cornell University.

27 "직원 '심리적 안정 때 회사 성과 날아오른다", ≪매일경제≫, 2019.2.1.

28 "오렌지라이프, 애자일 조직 도입 1년 … 업무 효율과 직원들 워라밸에 효과", ≪중앙일보≫, 2019.4.18, https://news.joins.com/article/23444904

29 DDI Global Leadership Forecast 2014/2015, "Ready-Now Leaders: 25 Findings to Meet Tomorrow's Business Challenges."

30 Richard Paul and Linda Elder, "The Miniature Guide to Critical Thinking", *Concepts and Tools*(2006).

31 https://criticalthinkingacademy.net/index.php/ct/benefits-of-critical-thinking

32 https://leaderonomics.com/functional/change-critical-thinking-skills

33 *Harvard Business Review*, May 6, 2019.

34 로저 마틴(Roger L. Martin), 『디자인 씽킹 바이블』, 현호영 옮김(유엑스리뷰, 2018).

35 정병익, 『4차 산업혁명 시대, 디자인 씽킹이 답이다』(학현사, 2019).

36 https://www.entrepreneur.com/article/306299

37 *The European Business Review*(May-June, 2019).

38 "혁신 가르치는 '디자인 씽킹의 전설'이 말했다 'AI 믿지 말라'", ≪중앙일보≫, 2020.1.17.

39 Ron Rabin, "Blended Learning for Leadership: The CCL Approach", White Paper (2014).

40 톰 래스(Tom Rath)·도널드 클리프턴(Donald O. Cliffton), 『위대한 나의 발견 강점혁명』, 박정숙 옮김(청림출판, 2013).

41 "상대평가 원조 GE는 10% 룰 폐지, 한국 대기업 74% 여전히 줄 세우기", ≪중앙선데이≫, 2016.12.4.

42 에드워즈 데밍(W. Edwards Deming), 『경쟁으로부터의 탈출』, 김봉균 옮김(한국표준협회컨설팅, 2004).

43 "상대평가 원조 GE는 10% 룰 폐지, 한국 대기업 74% 여전히 줄 세우기", ≪중앙선데이≫, 2016.12.4.

44 David Burkus, "How Adobe Scrapped Its Performance Review System And Why It Worked", *Forbes*, Jun 1, 2016.

45 "'사내정치가 제일 중요' … 직장인 75% 인사평가 '불신'", ≪중앙일보≫, 2017.7.6.

46 M. Tamra Chandler, *How Performance Management is Killing Performance: and What to Do About It*(Berret-Koehler Publishers, 2016).

47 https://mentalhealthdaily.com/2015/07/24/what-is-cognitive-flexibility/

48 "Technical Report: Burke Learning Agility Inventory® v3.3", EASI-Consult, LLC, September 2018.

49 Kenneth P. De Meuse, Guangrong Dai, and George S. Hallenbeck, "Learning Agility: A Construct Whose Time Has Come." *Consulting Psychology Journal: Practice and Research*, Vol. 62, No. 2(2010), American Psychological Association.

50 Jean Martin and Conrad Schmidt, "How to Keep Your Top Talent", *Harvard Business Review*, May 2010.

51 https://focus.kornferry.com/leadership-and-talent/the-organisational-x-factor-learning -agility/

52 "Agile and Lean Transformation: Creating a Foundation for Success", *cognizant 20-20 insights*, December 2015.

53 Kevin Cashman, "The Five Dimensions Of Learning-Agile Leaders", *Forbes*, Apr 3, 2013.

54 https://www.ajoconnor.com/blog/learning-agility-2020-leadership-competency

55 David F. Hoff and W. Warner Burke, *Learning Agility: The Key to Leader Potential* (Hogan Assessments, 2017).

56 Ilene Gochman and Paul Storfer, "Talent for Tomorrow: Four Secrets for HR Agility in an Uncertain World", *People & Strategy*, Vol. 37, Issue 2(2014).

57 Kenneth P. De Meuse, "Using Science to Identify Future Leaders: Part II—The Measurement of Learning Agility"(2015).

58 Frederick Morgeson, Robert L Dipboye, and Michael A. Campion, "Reconsidering the Use of Personality Tests in Personnel Selection Contexts", *Personnel Psychology*, 60(3), September 2007.

59 Kenneth P. De Meuse Wisconsin Management Group, "Learning Agility: Its evolution as a psychological construct and its empirical relationship to leader success", *Consulting Psychology Journal Practice and Research* (December 2017).

60 Kenneth P. De Meuse, "Using Science to Identify Future Leaders: Part II—The Measurement of Learning Agility"(2015).

61 "Leadership", Strategy+Business Newsletter(September 18, 2018).

62 Adam Mitchinson and Robert Morris, "Center for Creative Leadership: Learning About Learning Agility", White Paper 2014.

63 "Learning Agility Toolkit", Leadership Development Centre, 2016.

64 Jesse Sostrin, "How Transformation-Ready Leaders Learn", Strategy+Business Newsletter (August 7, 2018).

65 Ellen Byron, "A New Odd Couple: Google, P&G Swap Workers to Spur Innovation", *The Wall Street Journal*(November 19, 2008).

66 "How To Cultivate Learning Agility", Harvard Business Publishing Corporate Learning(2016).

67 Terence Brake, "Stanford Study Demonstrates How Collaboration and Teamwork Can Dramatically Improve Productivity", *tmaworld*(August 24, 2017).

68 https://www.civilservicecollege.org.uk/news-understanding-the-differences-between -teamwork-and-collaboration-203

69 Lionel Valdellon, "Why Every Company Needs a Culture of Collaboration"(May 13, 2015), https://www.wrike.com/blog/every-company-needs-culture-collaboration-slideshare/

70 Anthony Bradley and Mark McDonald, interviewed by David Kiron, "The Amplified Enterprise: Using Social Media To Expand Organizational Capabilities", *MITSloan Management Review*(November 2, 2011).

71 테아 싱어 스피처(Thea Singer Spitzer), 『협업의 시대(Collaboration): 개인의 역량을 극대화하는 힘』, 이지민 옮김(보랏빛소, 2019).

72 Herminia Ibarra and Morten T. Hansen, "Are You a Collaborative Leader?" *Harvard Business Review*(July-August, 2011).

73 https://trainingindustry.com/articles/leadership/what-does-collaborative-leadership-look-like/

74 https://techacute.com/difference-between-cooperation-collaboration/

75 https://trainingindustry.com/articles/leadership/what-does-collaborative-leadership-look-like/

76 https://www.linkedin.com/pulse/winning-vuca-world-culture-agile-collaboration-jean-francois-cousin

77 "Adding Up or Adding Value? Making Business Partnering Work", Pricewaterhouse Coopers(2009).

78 Filip Gilbert & Basil Sommerfeld, "Transforming the HR function through Better Business Partnering", Deloitte, https://www2.deloitte.com/content/dam/Deloitte/lu/Documents/human-capital/lu-transforming-hr-function-better-business-partnering.pdf

79 https://www.humanresourcesonline.net/managers-spend-15-of-their-time-resolving-conflict/

80 Kandarp Mehta, "A Better Way To Manage Conflicts In The Workplace", *Forbes*, (February 25, 2019)

81 Ritu Sharma, "Conflict Management in VUCA Environment", *International Journal of Research in Economics and Social Sciences*(IJRESS), Vol. 7, Issue 8(August 2017), pp. 401~404.

82 Craig E. Runde and Tim A. Flanagan, *Developing Your Conflict Competence* (Jossey-Bass, 2010).

83 Craig E. Runde and Tim A. Flanagan, *Developing Your Conflict Competence* (Jossey-Bass, 2010).

| 지은이 | 배선희

글로벌 다국적 기업에서 30년 동안 커리어를 쌓았다. 수퍼컴퓨터 회사인 크레이리서치에서 인사 담당 매니저, 휴렛팩커드에서는 영업 직원 개발 및 영업 성과 향상 프로그램 매니저, 화이자코리아 인력 개발 및 조직 개발 부서장, 아그파코리아와 아그파동북아시아 인사 담당 임원 그리고 사노피코리아 인사 총괄 전무로 재직했다. 현재 L.E.A.P의 대표로 일하고 있으며, 대한리더십학회 부회장으로 활동 중이다. 이화여자대학교 불어불문학과/영어영문학과를 졸업했고 서강대학교에서 MBA를 취득했다.

현재 주력하고 있는 분야는 조직 개발 컨설팅 및 교육, 임원 코칭 및 전문 퍼실리테이팅이다. 다양한 조직 개발 프로젝트를 이끌었으며, 전반적인 인사 관리 컨설팅뿐만 아니라 비전 개발, 조직 문화, 변화 관리, 리더십 개발, 팀 성과 향상, 역량 평가, 커리어 개발, 비즈니스 파트너링, 다양성과 포용 등의 분야에서 전문성과 경험을 가지고 있다. 코칭 분야에서는 국제인증코치ICF Professional Certified Coach로서 국내 및 다국적 회사의 임원 코칭과 그룹 코칭을 진행하고 있다. 전문 퍼실리테이팅에 있어서는 국제인증퍼실리테이터IAF Certified Facilitator로서 퍼실리테이션 교육과 더불어 비전 및 전략 수립, 조직 문화 및 변화 관리, 문제 해결 및 의사 결정, 갈등 관리 등 다양한 주제에 대한 퍼실리테이션을 하고 있다.

뷰카(VUCA) 시대, 일 잘하는 리더

ⓒ 배선희, 2020

지은이 배선희
펴낸이 김종수 | **펴낸곳** 서울엠 | **편집** 조수임
초판 1쇄 인쇄 2020년 3월 20일 | **초판 1쇄 발행** 2020년 4월 6일
주소 10881 경기도 파주시 광인사길 153 한울시소빌딩 3층
전화 031-955-0655 | **팩스** 031-955-0656 | **홈페이지** www.hanulmplus.kr
등록번호 제406-2015-000053호

Printed in Korea.
ISBN 978-89-7308-170-7 03320(양장)
        978-89-7308-171-4 03320(무선)
* 책값은 겉표지에 표시되어 있습니다.